Le forum *non conveniens* et les injonctions *anti-suit* dans les arbitrages d'investissement des États africains

Logiques Juridiques
Fondée par Gérard Marcou

Dirigée par Jean-Claude Némery et Thomas Perroud

Le droit n'est pas seulement un savoir, il est d'abord un ensemble de rapports et pratiques que l'on rencontre dans presque toutes les formes de sociétés. C'est pourquoi il a toujours donné lieu à la fois à une littérature de juristes professionnels, produisant le savoir juridique, et à une littérature sur le droit, produite par des philosophes, des sociologues ou des économistes notamment.

Parce que le domaine du droit s'étend sans cesse et rend de plus en plus souvent nécessaire le recours au savoir juridique spécialisé, même dans des matières où il n'avait jadis qu'une importance secondaire, les ouvrages juridiques à caractère professionnel ou pédagogique dominent l'édition, et ils tendent à réduire la recherche en droit à sa seule dimension positive. À l'inverse de cette tendance, la collection « Logiques juridiques » des éditions L'Harmattan est ouverte à toutes les approches du droit. Tout en publiant aussi des ouvrages à vocation professionnelle ou pédagogique, elle se fixe avant tout pour but de contribuer à la publication et à la diffusion des recherches en droit, ainsi qu'au dialogue scientifique sur le droit. Comme son nom l'indique, elle se veut plurielle.

Dernières parutions

Boubacar EL IDE, *Influence du droit international des droits de l'homme sur le droit des investissements. L'économique au détriment du social ?* 2025.
Adolphe KUMBA SHINDANO, *Introduction au droit congolais de la santé*, 2025.
Marcelle BONGRAIN, *Grands-parents, quels droits ?*, 2025.
Patrick MBOYO BAKAMBO, *La représentation des collectivités territoriales*, 2025.
Jean-Louis SABLON, *Violences et autres infractions sexuelles. Le droit de A à Z pour les connaître et les combattre*, 2025.

Ibrahima Dior

Le forum *non conveniens* et les injonctions *anti-suit* dans les arbitrages d'investissement des États africains

Préface du Pr Ali Kairouani

L'Harmattan

5-7, rue de l'École-Polytechnique – 75005 Paris

www.editions-harmattan.fr

ISBN : 978-2-336-53269-1
EAN : 9782336532691

REMERCIEMENTS

La rédaction de cette monographie doit beaucoup au concours du professeur Ali Kairouani. Qu'il reçoive ici la marque sincère de ma pleine gratitude !

Ma reconnaissance à Monsieur Amadou Abdoul Sow dont la bonté inoubliable constitue l'assise de tout mon parcours supérieur.

Mes remerciements également à Selma Benhamou qui a aidé dans la relecture et la correction.

DÉDICACE

Je dédie cet ouvrage à tous ceux qui m'ont investi de leur confiance et de leur soutien. Parents, ami (e) s, camarades de promotion, compatriotes ou frères et soeurs africains de la diaspora qui se sont fait indispensables à mon séjour au Maroc, vous vous reconnaitrez aisément.

PRÉFACE

Monsieur Ibrahima Dior s'est emparé de la problématique épineuse concernant la régulation des conflits de compétence par le recours aux *anti-suit injuctions* et le *Forum Non Conveniens* et, par la même occasion, les interactions qu'entretiennent ces mécanismes régulateurs avec les droits souverains de l'État hôte de l'investissement. Il s'agit d'un sujet développé précédemment, mais pas sous cet angle analytique et critique. Il apporte ainsi un éclairage édifiant à l'arbitrage international d'investissement au prisme de la multiplication des recours et, à travers ce phénomène, l'apparition des recours parallèles, des problèmes de recours abusifs, des plaintes frivoles et de la concurrence des procédures juridictionnelles. À la lumière de la réforme du système de règlement des différends entre investisseurs et États, le présent livre apporte une pierre de plus à l'édifice doctrinal qui tend à enrichir le débat que génère cette réforme entre les différentes cultures juridiques. Les mécanismes procéduraux abordés dans ce livre permettront sans l'ombre d'un doute au lecteur de mieux se familiariser avec des notions parfois très techniques et étrangères au système *romano-civiliste* et souvent utilisées dans les systèmes de *common law*. L'arbitrage international d'investissement continue d'opposer des investisseurs aux États et, comme le disait le professeur japonais Yohihisa Hayakawa, nous assistons à un usage stratégique de l'arbitrage international d'investissement, ce qui implique que le recours au *Forum Non Conveniens* et aux *anti-suit injuctions* devienne une partie intégrante des règles du jeu du système d'arbitrage d'investissement. Monsieur Ibrahima Dior apporte à travers ce livre une lecture qui prend en considération les préoccupations du Sud global et particulièrement du continent africain, qui demeure impliqué dans plus de la moitié des différends entre investisseurs et États. Le livre de Monsieur Dior nous invite, dès lors, à relire l'article 26 de la Convention CIRDI du 18 mars 1965 avec beaucoup d'attention, notamment ses articles 46 et 47, afin d'appréhender les mécanismes procéduraux ci-dessus au regard de la procédure d'arbitrage international et non à l'extérieur de celle-ci. Ce nouveau regard doctrinal interpelle aussi quant à l'avenir de la Zone de libre-échange continentale africaine et son protocole d'investissement, dont le contexte interne et externe mêle protection des droits des investissements et protection des droits de l'Homme, ce qui traduit parfaitement la complexité procédurale que l'auteur a voulu mettre en exergue dans cette œuvre. Autrement dit, les arbitres au sein de la ZLECAf seront amenés à répondre aux différentes interrogations liées au *Forum Non Conveniens* et aux *anti-suit injunctions,* mais en inversant la grille de lecture offerte par la jurisprudence arbitrale en matière d'investissement.

Ali Kairouani, professeur de Droit international public, Université Mohammed V de Rabat.

LISTE DES PRINCIPALES ABRÉVIATIONS

I	*Accords internationaux relatifs aux investissements*
CADHP	*Commission africaine des droits de l'homme*
CAE	*Communauté des états d'Afrique de l'Est*
CCI	*Chambre de commerce internationale*
CDI	Commission du droit international
CEDEAO	Communauté économique des états d'Afrique de l'OUEST
CER	Communauté économique régionale
CIJ	Cour internationale de justice
CIRDI	Centre international pour le règlement des différends relatifs aux investissements
CNPF	Clause de la nation la plus favorisée
CNUDCI	Commission des Nations unies pour le droit commercial international
COMESA	Marché commun de l'Afrique orientale et australe
CPA	Cour permanente d'arbitrage
CPJI	Cour permanente de justice internationale
GTIII	Troisième groupe de travail de la CNUDCI chargé de la réforme du RDIE
RCADI	Recueil des cours de l'académie de droit international

SADC	Communauté de développement de l'Afrique australe
TBI	Traité bilatéral d'investissement
TIDM	Tribunal international du droit de la mer
UA	Union africaine
ZLECAF	Zone de libre-échange continental africaine

SOMMAIRE

INTRODUCTION

Moyen privilégié de résolution des différends investisseurs-États, l'arbitrage international est aujourd'hui exposé à de nombreuses difficultés qui appellent la réforme de l'ensemble du système RDIE. Nombre de ces dernières sont conséquentes aux questions de compétence. Ainsi, « ce n'est que si plusieurs forums sont potentiellement disponibles pour les parties litigantes que des questions sur leur interrelation peuvent se poser »[1]. L'importation de mécanismes à l'instar du forum non conveniens et des injonctions anti-suit est donc consubstantielle à la nécessité de réguler l'arbitrage contre les procédures concurrentes et les pratiques abusives.

Historiquement, le *forum non conveniens* et les *injonctions anti-suit* sont des produits du système juridique de tradition de common law.

La doctrine du Forum Non Conveniens tire sa source du « forum non competens » appliqué par les tribunaux écossais dès le 17e siècle. Il permettait « aux juges de renvoyer des affaires devant une cour plus appropriée si l'exercice de leur compétence pouvait entraîner une injustice pour un défendeur non domicilié en écosse à cause d'une procédure abusive »[2]. Sous cette forme, la doctrine a été transposée en Angleterre. Dans l'affaire Spiliada[3], la Chambre des Lords, fixe un test qui exige d'établir

---

[1] MCLACHLAN QC (Campbell) et autres, International Investment Arbitration Substantive Principles, Oxford University Press, Oxford, 1ère édition, 2008, p. 80.

[2] TCHOTOURIAN (Ivan), LANENFELD (Alexis), Le Forum Non Conveniens Une Impasse à la Responsabilité Sociale des Entreprises, Presse Universitaire de Laval, Laval, 2020, p. 76.

[3] Disponible sur https://curia.europa.eu/juris/document/document.jsf?docid=49758&doclang=FR, consulté le 2 novembre 2023.

l'existence d'un for alternatif compétent qui permettra, par ailleurs, de trancher le différend de manière à satisfaire les intérêts des parties et les fins de la justice. Il en résulte sa définition moderne qui le présente comme un mécanisme permettant au juge de décliner sa compétence s'il existe un forum alternatif plus approprié. En effet, le *Forum Non Conveniens* « provides discretionary powers to courts to decline existing jurisdiction when the convenience of the parties concerned, as well as the ends of justice, could be better served in an alternative forum »[4].

Bien que certains États africains, particulièrement du Commonwealth, reconnaissent le Forum Non Conveniens dans leurs droits processuels[5], les interactions de ce groupe de pays avec la doctrine susmentionnée existent souvent sur le terrain de l'arbitrage d'investissement, notamment à l'occasion de l'exécution des sentences arbitrales. En conséquence, l'affaire Olin c. Libye permet de déterminer les conditions qui encadrent l'octroi d'une décision en rejet pour Forum non Conveniens.

En l'espèce, l'investisseur a introduit une action devant le tribunal du district des États-Unis pour le district sud de New York, cherchant à confirmer une sentence arbitrale rendue contre le défendeur par la chambre internationale de commerce à Paris. En réaction, la Libye a déposé une requête visant le rejet de la demande pour motif de forum non conveniens. Le tribunal a établi un cadre en trois

---

[4] BUTTIN (Sandrine), Multinational Corporations Facing The Varying Concepts Jurisdicton: « Forum NonConveniens », Contrasts Between The Anglo-American And The European Law Systems, Mémoire, Université Jean Moulin, 2000, p. 15-16

[5] Voir OPPONG (Richard Frimpong), « Forum Non Conveniens, Lis Alibi Pendens et Accords de Sélection du Forum », in Droit International Privé en Afrique du Commonwealth, Cambridge University Press, Cambridge, 2013, p. 91- 111.

étapes[6] pour statuer sur une requête en rejet pour forum non conveniens, qui exige de 1) déterminer le degré de déférence à accorder au choix du for par le défendeur 2) établir l'existence d'un for alternatif adéquat 3) mettre en balance les facteurs d'intérêt public et privé en présence.

Le degré de déférence à accorder est d'autant plus important que le lien entre le requérant et le forum choisi est authentique. À cet égard, le tribunal a noté que « Olin is a Cypriot entity with no ties to the United States (...) Furthermore, the Agreement was not drafted in the United State ; the arbitration was conducted in Paris, France ; and all of the events giving rise to the arbitration took place outside of the United States, in Libya »[7]. Il a par ailleurs pris compte qu'une partie des dommages dus au titre de la sentence finale sont en dollars américains, et que cette dernière était soumise à la convention de New York sur la reconnaissance et l'exécution des sentences arbitrales. Aussi, de l'avis du tribunal, aucun avantage tactique ne peut être tiré d'une procédure sommaire visant la reconnaissance. Il a donc déduit de toutes ces considérations que « the plaintiff's choice of forum is entitled to a small degree of deference »[8].

Par ailleurs, le tribunal ne donne pas des indications précises sur ce qui constitue un forum alternatif adéquat. Il tire simplement effet du consentement implicite du demandeur à considérer la France comme forum alternatif. Une réponse a été donnée dans l'affaire Aenergy c. Angola. Le tribunal de district des États-Unis pour le district Sud de New York a décidé « un forum alternatif adéquat existe si (1) « les défendeurs peuvent y être amendés pour qu'ils y

---

[6] Arbitrage ad hoc CNUDCI, Olin Holdings Limited c. État de Libye, Avis et ordonnance du tribunal de district des USA pour le district Sud de New York, 22 Mars 2022, par. 38.

[7] Idem, par. 41.

[8] Idem, par. 43.

soient signifiés » et (2) le forum alternatif « permet un litige sur l'objet du litige »[9]. Cette dernière exigence n'est cependant pas satisfaite par la simple existence de causes d'action identique dans l'autre forum. En effet, de l'avis du tribunal, « le forum alternatif n'est pas adéquat lorsqu'il y a une absence totale de procédure régulière ou une incapacité du forum à rendre une justice substantielle aux parties »[10].

Pour leur part, les facteurs d'intérêt privé à prendre en compte sont « 1) la relative facilité d'accès aux sources de preuve ; (2) la commodité des témoins consentants ; (3) la disponibilité d'une procédure obligatoire pour obtenir la comparution de témoins réticents ; et (4) les autres problèmes pratiques qui rendent le procès facile, rapide et peu coûteux »[11]. Quant aux facteurs d'intérêt public, il s'agit de « (1) la congestion des tribunaux ; (2) éviter les problèmes difficiles liés aux conflits de lois et à l'application du droit étranger ; (3) l'injustice d'imposer le devoir de juré à une communauté sans rapport avec l'affaire ; et (4) l'intérêt des communautés à ce que les conflits locaux soient réglés chez eux »[12]. Sur cette base, le tribunal a jugé que « parce que la Libye ne parvient pas à identifier ne serait-ce qu'un seul facteur d'intérêt privé ou public qui pèse en sa faveur – et encore moins fortement en sa faveur – la Cour n'exercera pas son pouvoir discrétionnaire pour rejeter cette affaire en faveur d'un forum alternatif »[13].

Cela dit, il est important de signifier la nécessité d'une approche souple dans les critères d'octroi d'une ordonnance

---

[9] Arbitrage ad hoc CNUDCI, Aenergy c. Angola, Avis et ordonnance du tribunal de district des Etats-Unis pour le district Sud de New York, 19 Mai 2021, par. 54.

[10] Idem, p. 58.

[11] Arbitrage ad hoc CNUDCI, Olin Holdings Limited c. État de Libye, op. Cit. par. 48.

[12] Idem.

[13] Idem.

de rejet pour forum non conveniens. En effet, sans être tenu d'appliquer strictement les conditions susmentionnées qui, dans le cadre de l'arbitrage international, peuvent perdre de leur sens, il peut être admis qu'un tribunal se dessaisisse au profit d'un autre dans le but de donner effet à une clause d'élection de for convenue par les parties, notamment en renvoyant ces dernières à l'arbitrage. Il peut également en être ainsi que le tribunal arbitral, sans désigner de for alternatif, se déclare simplement forum non conveniens pour connaitre des chefs de demandes du requérant, lesquels dépasseraient le champ de sa compétence.

Ainsi présenté, le forum non conveniens entretient un lien intime avec *les injonctions anti-suit.* En effet, la même posture qui permet au tribunal d'apprécier s'il est ou non un forum approprié, préside à l'octroi d'une injonction anti-poursuite. En d'autres termes, « lorsqu'un tribunal prononce une *injonction anti-suit*, c'est qu'il aura préalablement estimé juste de retenir sa compétence sur le litige donné : autrement dit, il aura fait usage du for conveniens, c'est-à-dire qu'il aura nécessairement estimé son for approprié pour recevoir l'examen du fond du litige. L'*injonction anti-suit* est ainsi une arme juridique utilisée par les juges pour servir ce mécanisme souple, flexible et discrétionnaire que l'on nomme forum conveniens/non conveniens »[14]. Ce qu'il faut comprendre, c'est que l'octroi d'une ordonnance de *forum non conveniens* en lieu et place d'une injonction anti-suit, ou vice-versa, dépendra du même jugement que le tribunal se fera de sa compétence.

---

[14] BEHAJA (Jerry), « Éclairages sur l'Anti-Suit Injunction à la Lumière du Paradigme de l'Equité Juridictionnelle Internationale », Lextenso, 04/02/2020, disponible sur https://www.actu-juridique.fr/international/internationaletrangers/eclairages-sur-lanti-suit-injunction-a-la-lumiere-du-paradigme-de-lequite-juridictionnelle-internationale/, consulté le 18 novembre 2023.

Les *injonctions anti-suit* sont ainsi « des ordonnances interdisant à une partie d'intenter ou de poursuivre une action devant une autre juridiction ou un autre tribunal arbitral, avant que le tribunal qui a prononcé l'injonction n'ait statué définitivement sur le différend »[15]. Elles constituent « a facet of the tribunal's overall procedural powers and its responsibility for its own process »[16]. En tant que mesure provisoire, l'octroi d'une injonction anti-suit est soumis à des conditions particulières.

Dans le cadre de la convention CIRDI, le pouvoir du tribunal d'ordonner une mesure provisoire est prévu à l'article 47. L'article 39 du règlement d'arbitrage donne la procédure à suivre par le tribunal, tout en marquant silence sur les critères qui président à son octroi. Seulement, la jurisprudence constante des tribunaux CIRDI, inspirée en grande partie de la CIJ, permet de distinguer des conditions de forme et de fond. Elle porte ainsi témoignage de ce que les tribunaux Cirdi « show a particular deference »[17] aux décisions de Cour mondiale.

En ce qui concerne les conditions de forme, il est acquis que le tribunal doit, avant d'accorder une mesure provisoire, établir sa compétence prima facie sur le différend. La CIJ a déclaré qu'elle « ne peut indiquer des mesures conservatoires que s'il existe, à première vue, une base sur laquelle sa compétence pourrait être fondée »[18].

---

[15] PALOMBINO (Fulvio Maria) et autres, Provisional Measures Issued By International Courts And Arbitration, Springer, Berlin, 2021, p. 289.

[16] CIRDI, Biwater Gauff (Tanzania) Limited v. United Republic of Tanzania (ARB/05/22), procedural order n° 3, 29 September 2006, par. 135.

[17] PELLET (Alain), « The Case Law of the ICJ in Investment Arbitration », ICSID Review, Vol. 28, n° 2, 2013, p. 230.

[18] Cette condition a été rappelée dans plusieurs autres décisions : TIDM, Affaire du navire « SAIGA » (SaintVincent-et-les Grenadines c. Guinée), Affaire n° 2, Ordonnance du 11 Mars 1998, par. 29 ; TIDM, the « Enrica Lexie » Incident (Italy v. India), Case n° 24, Order of 24

Toujours selon la CIJ, un tel contrôle permet d'établir « que les demandes formulées ne sont pas, à première vue, frivoles ou manifestement hors de la compétence du Tribunal »[19]. Cet exercice ne préjuge cependant pas définitivement de la compétence du tribunal, qui doit être établie ultérieurement. Dans l'affaire Von Pezold et autres c. Zimbabwe, le tribunal a précisé que « lorsqu'il traite d'une demande de mesures conservatoires (...) n'a pas besoin de s'assurer finalement qu'il est compétent sur le fond de l'affaire, mais n'indiquera pas de telles mesures à moins qu'il n'existe, prima facie, une base sur laquelle la compétence du tribunal pourrait être établie ». Ainsi, le tribunal peut à un stade ultérieur se déclarer incompétent

---

August 2015, par. 48; ACtHPR, African Commission on Human and Peoples' Rights v. Libya, Order of 15 March 2013, par. 10; ACtHPR, Tembo Hussein v. United Republic of Tanzania, Order of 11 February 2019, par. 8.

[19] Cette condition a été rappelée dans plusieurs autres décisions : TIDM, Affaire du navire « SAIGA » (SaintVincent-et-les Grenadines c. Guinée), Affaire n° 2, Ordonnance du 11 Mars 1998, par. 29 ; TIDM, the « Enrica Lexie » Incident (Italy v. India), Case n° 24, Order of 24 August 2015, par. 48; ACtHPR, African Commission on Human and Peoples' Rights v. Libya, Order of 15 March 2013, par. 10; ACtHPR, Tembo Hussein v. United Republic of Tanzania, Order of 11 February 2019, par. 8. 19 ICJ, Fisheries Jurisdiction (United Kingdom v. Iceland), Order of 17 August 1972, par. 17 ; Voir également ICJ, Fisheries Jurisdiction (Federal Republic of Germany v. Iceland), Order of 17 August 1972, par. 18 ; ICJ, Military and Paramilitary Activities in and agraines Nicaragua (Nicaragua v. United States of America), Order of 10 May 1984, par. 25 ; Pour les décisions de rejet fondées sur ce motif, voir ICJ, Legality of Use of Force (Yugoslavia v. Belgium), Order of 2 June 1999, par. 45 ; ICJ, Armed Activities on the Territory of the Congo (Democratic Republic of the Congo v. Rwanda), Order of 10 July 2002, par. 89 ; Voir aussi Legality of Use of Force (Yugoslavia v. Spain), Order of 2 June 1999, par. 35 ; ICJ, Legality of Use of Force (Yugoslavia v. United States of America), Order of 2 June 1999, par. 29.

pour connaître du différend[20]. Il faut en outre rappeler que, dans le cadre de la convention CIRDI, « le simple enregistrement de la requête d'arbitrage par le secrétariat du CIRDI ne constitue pas une preuve définitive de la compétence prima facie d'un tribunal arbitral (...) est sommaire, non contradictoire, et uniquement destiné à établir si la requête excède manifestement la compétence du CIRDI »[21].

Par ailleurs, pour octroyer une mesure provisoire, les tribunaux appliquent la règle du fumus boni juris. Elle implique que « the tribunal must assess the reasonableness of the claimant's case and the likeliness that an award could be issued in its favour once the facts alleged are proven »[22]. L'application du fomus boni juris permet ainsi de réguler les pratiques oppressives et vexatoires contre une partie à l'arbitrage. Dans son opinion individuelle relative à l'affaire Pulp Mills on the River Uruguay (Argentina v. Uruguay) devant la CIJ, le juge Abraham a déclaré que la cour « ne peut ordonner à un État de se comporter d'une certaine manière simplement parce qu'un autre État prétend que ce comportement est nécessaire pour préserver ses propres droits, à moins que la Cour n'ait procédé à un examen minimal pour déterminer si les droits ainsi

[20] Des exemples peuvent être tirés de la jurisprudence de la CIJ et du TIDM. Voir ICJ, Application of the International Convention on the Elimination of all Forms of Racial Discrimination (Georgia v. Russian Federation), Order of 15 October 2008, par. 117; ICJ, Application of the International Convention on the Elimination of All Forms of Racial Discrimination (Georgia v. Russian Federation), Judgment of 1 April 2011, par. 141. AUSSI, ITLOS Southern Bluefin Tuna Cases (New Zealand v. Japan), Cases n° 3, Order of 27 August 1999, par. 62. Ad hoc Arbitration UNCLOS Annex VII, Southern Bluefin Tuna (New Zealand-Japan, Australia-Japan), decision of 4 August 2000, par. 72-1.

[21] CIRDI, Bernhard von Pezold and others v. Republic of Zimbabwe (ARB/10/15), procedural order of 03 Avril 2013, par. 44.

[22] PALOMBINO (Fulvio Maria) et autres, op. Cit. p. 330.

revendiqués existent réellement et s'ils risquent d'être violés – et irrémédiablement – en l'absence des mesures conservatoires auxquelles la Cour a été invitée de prescrire : donc, à moins que la Cour n'ait réfléchi au fond de l'affaire »[23]. Il convient ainsi de toujours déterminer « que les droits revendiqués par une partie sont au moins plausibles »[24]. Ceci peut être d'une importance majeure dans certaines circonstances. Ainsi, dans l'affaire Helnan c. Égypte, le tribunal a noté que « dans le cas présent, la mesure provisoire demandée par Helnan et la mesure finale qu'elle demande, si elles ne sont pas strictement identiques, sont dans une large mesure les mêmes. Dans de telles circonstances, l'exigence que les droits à protéger semblent exister (fumus bonus juris), qui doit être présente pour que des mesures provisoires soient accordées, est particulièrement forte puisque les mesures provisoires demandées par Helnan la placeraient dans une large mesure dans la situation où elle se trouverait si elle obtenait gain de cause sur le fond ».

Cela dit, l'octroi d'une mesure provisoire doit satisfaire certaines conditions de fond. Il s'agit tout d'abord de l'urgence. Dans l'affaire Biwater Gauff c. Tanzanie, le tribunal arbitral a déclaré que « le degré d'urgence requis dépend des circonstances, y compris les mesures conservatoires demandées, et peut être satisfait lorsqu'une partie peut prouver qu'il est nécessaire d'obtenir les mesures demandées à un certain stade de la procédure avant le prononcé d'une sentence »[25]. Le TIDM juge que

---

[23] ICJ, Pulp Mills on the River Uruguay (Argentina v. Uruguay), Order of 13 July 2006, Separate Opinion Abraham, par. 137-141.

[24] ICJ, Questions relating to the Obligation to Prosecute or Extradite (Belgium v. Senegal), Order of 28 May 2009, par. 57; Voir également ITLOS, Delimitation of the Maritime Boundary in the Atlantic Ocean (Ghana v. Ivory Coste), Case n° 23, Order of 25 April 2015, par. 58.

[25] CIRDI, Biwater Gauff (Tanzania) Limited v. United Republic of Tanzania (ARB/05/22), procedural order n° 1, 31 Mars 2006, par. 76.

l'urgence est établie lorsqu'il existe « un risque réel et imminent qu'un préjudice irréparable puisse être causé aux droits des parties au différend »[26]. Ainsi, certains tribunaux internationaux ont pu décider que le préjudice n'est pas irréparable lorsqu'il peut être compensé par l'octroi dommages et intérêts[27]. Dans l'affaire MMEA and AHSI c. Sénégal, il a été décidé que « puisque les demanderesses ont demandé d'être indemnisées pour le préjudice subi (…) le tribunal arbitral considère dès lors que le préjudice invoqué par les demanderesses n'est pas irréparable »[28]. Jugeant ce critère trop sévère, d'autres arbitres ont toutefois substitué le préjudice « irréparable » au préjudice grave et substantiel.

Il est établi toutefois que l'assurance donnée par le défendeur au tribunal peut priver la mesure de son caractère urgent. Reconnu par la CIJ[29], ce principe a été appliqué par le tribunal dans l'affaire Vaccum Salt c. Ghana lorsqu'il déclare que « le tribunal prend également note du fait qu'à cette session, Vacuum Salt Products Limited a reconnu et accepté ces engagements (du défendeur) comme

---

[26] ITLOS, The M/T "San Padre Pio", op.cit. par. 111. Voir également ITLOS, Delimitation of the Maritime Boundary in the Atlantic Ocean (Ghana v. Côte d'Ivoire), Case n° 23, Order of 25 April 2015, par. 42.

[27] ICJ, Jadhav (India v. Pakistan), Order of 18 May 20, par. 49; ITLOS, Detention of three Ukrainian naval vessels (Ukraine v. Russian Federation), Case n° 26, Order of 25 May 2019, par. 100.

[28] CIRDI, Menzies Middle East and Africa S.A. and Aviation Handling Services International Ltd. v. Republic of Senegal (ARB/15/21), procedural order n°2, 2 december 2015, par. 120-124.

[29] ICJ, Questions relating to the Obligation to Prosecute or Extradite (Belgium v. Senegal), Order of 28 May 2019, par. 72; PCIJ, Case concerning the Administration of the Prince von Pless (Germany v. Poland), Order of 11 May 1933, par. 152–152; Pour le TIDM VOIR The M/V "Louisa" Case, Order of 23 December 2010, par. 78.

satisfaisant aux préoccupations exprimées dans sa demande de mesures conservatoires et mettant ainsi fin à celles-ci »[30].

La mesure demandée doit par ailleurs être nécessaire afin de préserver les droits du requérant. Il en résulte « un lien doit exister entre les droits dont la protection est demandée et les mesures conservatoires demandées »[31]. En ce qui a trait aux types de droits concernés par la mesure provisoire, la CIJ a indiqué qu'il est indispensable que cette mesure ait « pour effet de protéger les droits faisant l'objet du différend soumis à la Cour »[32]. On en retrouve la codification dans le règlement d'arbitrage de la CNUDCI en son article 26.3. Les tribunaux CIRDI se sont toutefois écartés de cette interprétation trop restrictive. C'est ainsi qu'on peut lire, dans l'affaire Biwater c. Tanzanie, que « les types de droits susceptibles d'être protégés par des mesures provisoires ne sont pas seulement des droits substantiels, mais également des droits procéduraux »[33]. Il peut ainsi s'agir du droit à une procédure régulière, au maintien du statu quo ou encore à la non-aggravation du différend.

Le tribunal doit finalement veiller à l'équilibre des intérêts. En effet, « the rights of the applicant, who may, if provisional measures are not granted, lose the effective exercise of its rights, must be balanced against those of the defendant, whose position may eventually be vindicated »[34]. Il s'agit en définitive d'une « balance of

---

[30] CIRDI, Vacuum Salt Products Ltd. c. République du Ghana (ARB/92/1), décision sur la demande de recommandation de mesures provisoires, 14 juin 1993, par. 1.

[31] ICJ, Alleged violations of the 1955 Treaty of Amity, Economic Relations, and Consular Rights (Islamic Republic of Iran v. United States of America), Order of 3 October 2018, par. 54.

[32] PCIJ, Polish Agrarian Reform and German Minority (Germany v. Poland), Order of 29 July 1933, par. 177.

[33] CIRDI, Biwater Gauff (Tanzania) Limited v. United Republic of Tanzania (ARB/05/22), ordre de procédure n° 1, par. 71.

[34] PALOMBINO (Fulvio Maria) et autres, op. Cit. p.48.

inconvenience in the imposition of interim measures upon the parties »[35].

La doctrine du *forum non conveniens* et l'ordonnance d'injonction anti-suit reposent sur le pouvoir inhérent du tribunal de satisfaire à tout acte nécessaire pour l'accomplissement de sa mission et une bonne administration de la justice. Cette justification a été donnée par la CIJ dans l'affaire des essais nucléaires (France-Nouvelle Zélande) en ces termes :

> « il convient de souligner que la Cour possède un pouvoir inhérent qui l'autorise à prendre toute mesure voulue, d'une part pour faire en sorte que, si sa compétence au fond est établie, l'exercice de cette compétence ne se révèle pas vain, d'autre part pour assurer le règlement régulier de tous les points en litige ainsi que le respect des limitations inhérentes à l'exercice de la fonction judiciaire de la Cour et pour conserver son caractère judiciaire. Un pouvoir inhérent de ce genre, sur la base duquel la Cour est pleinement habilitée à adopter toute conclusion éventuellement nécessaire aux fins qui viennent d'être indiquées, découle de l'existence même de la Cour, organe judiciaire établi par le consentement des États, et lui est conféré afin que sa fonction judiciaire fondamentale puisse être sauvegardée »[36].

L'intérêt qu'offre l'étude du *forum non conveniens* et des *injonctions anti-suit* est évident. Dans un contexte de crise de l'arbitrage d'investissement, la recherche est pertinente de mécanismes régulateurs qui permettent aux arbitres de

---

[35] Idem, p. 330.

[36] ICJ, Nuclear Tests Case, (NEW ZEALAND v. FRANCE), Judgment of 20 december 1974, par. 23.

faire face aux principales difficultés que soulève de nos jours la résolution des différends d'investissement.

En effet, eu égard au fait que les arbitres sont constamment exposés à des questions redondantes et complexes de compétence, que nous apprend l'utilisation de ces mécanismes régulateurs pour résoudre les différends d'investissement ?

Pour tenter d'y rendre compte, la méthodologie employée emprunte surtout à la technique juridique. La méthode est qualitative, fondée sur la recherche documentaire. Elle se positionne au plus près de la réalité de l'arbitrage d'investissement à travers une étude privilégiée des sentences arbitrales, sans ménager l'apport d'autres sources du droit international.

À cette fin, deux champs d'analyse seront abordés.

D'une part, le *forum non conveniens* et les *injonctions anti-suit* peuvent être des mécanismes efficaces permettant de réguler les pratiques abusives, de déterminer la compétence du tribunal, et d'assurer la régularité des procédures d'arbitrage **(PREMIÈRE PARTIE).**

Par ailleurs, ils constituent de pertinentes entrées pour apprécier la nature et la complexité des rapports entre les ordres judiciaire et arbitrale. L'usage du *forum non conveniens*, en particulier, peut interférer avec le droit souverain de l'État hôte de réglementer, dans le domaine notamment des droits de l'homme **(DEUXIÈME PARTIE).**

PREMIÈRE PARTIE : LA RÉGULATION DES CONFLITS DE COMPÉTENCE PAR LE RECOURS AU FORUM NON CONVENIENS *ET AUX INJONCTIONS ANTI-SUIT*

Les questions de procédures parallèles et de compétences concurrentes sont une problématique fréquente à laquelle sont exposés les arbitres dans le cadre des différends d'investissement. Elles surviennent lorsque chaque tribunal établit sa juridiction en vertu d'un instrument normatif distinct qui lui donne autorité sur les réclamations alléguant une violation de ses dispositions. Aussi, plusieurs réclamations internationales peuvent-elles être portées à l'égard du même préjudice et en vertu du même traité d'investissement par plusieurs entités situées dans la même chaîne d'investissement. Malgré la reconnaissance effective du principe de compétence-compétence et la rigidité du triple test d'identité de parties, de causes d'action et d'objets, le tribunal dispose de mécanismes régulateurs, à l'instar des *injonctions anti-suit* et du *forum non conveniens,* lui permettant de donner effet ou non à tout accord d'arbitrage convenu entre les parties **(CHAPITRE 1).**

Dans un souci de bonne administration de la justice, de sauvegarde de l'intégrité et de la régularité des procédures arbitrales, les arbitres peuvent également user de ces mécanismes afin de décourager des pratiques de forum shopping ou limiter les abus de procédure **(CHAPITRE 2).**

CHAPITRE 1 : LA PROTECTION DES CLAUSES D'ÉLECTION DE FOR

« Le consentement des parties est la pierre angulaire de la compétence du Centre »[37]. Lorsque le consentement à l'arbitrage est donné, il devient effectif et exécutoire. Cette règle, applicable à tout système d'arbitrage international, repose sur le principe de bonne foi (Pact Sunt Servanda). Il est exprimé à l'article 25 de la convention CIRDI, qui dispose « (…) lorsque les parties ont donné leur consentement, aucune d'elles ne peut le retirer unilatéralement »[38]. On retrouve plus loin ce principe d'irrévocabilité du consentement en ces termes « art71. Tout État contractant peut dénoncer la présente Convention par notification adressée au dépositaire de la présente Convention. La dénonciation prend effet six mois après réception de ladite notification. art72. Aucune notification par un État contractant en vertu des articles 70 et 71 ne peut porter atteinte aux droits et obligations dudit État, d'une collectivité publique ou d'un organisme dépendant de lui ou d'un de ses ressortissants, aux termes de la présente Convention qui découlent d'un consentement à la compétence du Centre donné par l'un d'eux antérieurement à la réception de ladite notification par le dépositaire »[39].

---

[37] Rapport des Administrateurs sur la Convention pour le règlement des différends relatifs aux investissements entre États et ressortissants d'autres États adopté le 18 Mars 1965, par. 23, disponible sur https://icsid.worldbank.org/sites/default/files/ICSID%20Convention%20French.pdf, consulté le 2 décembre 2023.

[38] Convention pour le règlement des différends relatifs aux investissements entre États et ressortissants d'autres États adoptée le 18 Mars 1965, art 25, disponible sur https://icsid.worldbank.org/sites/default/files/ICSID%20Convention%20French.pdf, consulté de 2 décembre 2023.

[39] Idem, art 71 et 72.

Il suit de ce qui précède que, lorsque les parties ont convenu de soumettre toute réclamation à la compétence d'un tribunal, il est à présumer qu'elles l'ont élu comme forum approprié à l'exclusion de toutes les autres. Il serait donc admis pour ce dernier d'exercer sa compétence discrétionnaire en restreignant la poursuite des procédures devant d'autres forums.

Nous verrons dans un premier temps comment les tribunaux arbitraux mettent ces mécanismes régulateurs au service du principe d'intangibilité **(Section 1).** L'analyse qui suivra ce premier mouvement s'attellera à démontrer que leur usage soulève de nombreuses difficultés dans les réclamations fondées sur deux instruments normatifs distincts, soit un contrat et/ou un traité d'investissement **(Section 2).**

Section 1 : L'intangibilité de la convention d'arbitrage

La convention d'arbitrage désigne « the agreement by which the parties to a contract agree to submit the disputes that may arise or that have arisen between them in relation to the contract to an arbitral tribunal, thereby subtracting those disputes to the national court(s) that would otherwise have had jurisdiction on them pursuant to the relevant applicable provisions »[40].

L'intangibilité de la convention d'arbitrage produit cette obligation que tout tribunal saisi d'une réclamation en atteinte à ses dispositions doit faire une déférence à l'arbitrage et donner autorité au for contractuellement élu une fois que sa validité est acquise. Elle réclame également des arbitres de protéger le droit d'une partie de ne pas être poursuivi devant un autre tribunal, serait-il arbitral ou national, pour des différends entrant dans les termes de la soumission à l'arbitrage. Dans le cadre des arbitrages CIRDI, l'article 26 de la convention de Washington est ainsi libellé : « le consentement des parties à l'arbitrage dans le cadre de la présente Convention est, sauf stipulation contraire, considéré comme impliquant renonciation à l'exercice de tout autre recours »[41].

Le principe d'intangibilité constitue la trame juridique de la doctrine de l'autonomie ou séparabilité de la

---

[40] Vallar (GIULIA), « Validity of the Arbitration Agreement », in CORDERO-MOSS (Giuditta) et ARROYO (Diego Fernández) (sous dir.), Applicable Law Issues in International Arbitration, Nijhoff, Boston, 2023, p. 325-346.

[41] Convention pour le règlement des différends relatifs aux investissements entre États et ressortissants d'autres États. Voir également : Convention pour la reconnaissance et l'exécution des sentences arbitrales étrangères adoptée le 10 juin 1958, disponible sur : https://www.newyorkconvention.org/french, consulté18 décembre 2023.

convention d'arbitrage. Elle a pour effet de préserver le pouvoir du tribunal de statuer lorsque le défendeur dans la procédure d'arbitrage entend s'appuyer sur la nullité présumée du contrat afin de contester son autorité[42]. Ainsi, « a unilateral invocation of invalidity or termination of the agreement cannot defeat the consent clause. Any other result would be contrary to the prohibition of unilateral withdrawal of consent »[43]. La doctrine de l'autonomie de la convention d'arbitrage est devenue un principe général appliqué par les tribunaux arbitraux. Dans l'affaire Millicom International Operation BV c. République du Sénégal, l'État défendeur avait émis cette exception à la compétence que la fin de la concession conclue avec l'investisseur néerlandais aurait, dans le même mouvement, annulé la clause compromissoire qui ne constitue dès lors plus un consentement valable à l'arbitrage. Le tribunal, constatant qu'il n'était nullement établi que la concession avait valablement pris fin et que cette question se trouvait au cœur du différend sur le fond, a conclu que :

> « il est incontesté qu'une clause compromissoire est autonome et que la fin d'un contrat dans lequel elle est incorporée n'en supprime pas les effets ; au contraire, l'arbitrage qui y est convenu couvre également le principe et les effets de la fin du contrat. Admettre le contraire reviendrait à la priver d'une partie importante de son effet pratique, puisqu'il

---

[42] On retrouve cette règle à l'article 23 du Règlement d'arbitrage de la CNUDCI (2021) qui dispose que : « (…) une clause compromissoire faisant partie d'un contrat est considérée comme une convention distincte des autres clauses du contrat. La constatation de la nullité du contrat par le tribunal arbitral n'entraîne pas de plein droit la nullité de la clause compromissoire ».

[43] DOLZER (Rudolf), KRIEBAUM (Ursula) et SCHREUER (Christoph), Principles Of International Investment, 3rd edition, Oxford University Press, Oxford, 2022, p. 370.

suffirait qu'une partie abandonne un contrat pour y échapper. Ce raisonnement doit s'appliquer également à la concession »[44].

Nous étudierons, dans un premier temps, la manière dont les *injonctions anti-suit* et le *Forum Non Conveniens* peuvent servir le principe d'intangibilité de la convention d'arbitrage **(Paragraphe 1).** Il s'agira ensuite d'exposer les exceptions à l'usage de tels régulateurs en la matière **(Paragraphe 2).**

Paragraphe 1 : Une jurisprudence intransigeante

Les *injonctions anti-suit* constituent d'efficaces mécanismes régulateurs à la disposition du tribunal l'habilitant à contraindre à l'arbitrage par déférence au forum approprié. Un précédent éloquent est fourni par une ancienne sentence du 06 janvier 1988 rendue dans l'affaire Mine c. Guinée[45]. Les deux parties avaient déjà consenti à une clause d'arbitrage soumettant toute réclamation à la juridiction du CIRDI. Le litige survenu, Mine a exigé de la Guinée d'exécuter un consentement révisé pour arbitrer. En réaction à l'abstention de la Guinée de prendre part à cette dernière procédure, Mine a cherché à contraindre à l'arbitrage devant le tribunal de district américain qui a ordonné l'arbitrage conformément aux règles de l'American Arbitration Association (AAA).

L'affaire devait se complexifier et donner lieu à de multiples algèbres procédurales. En effet, à l'occasion offerte par l'ouverture d'une procédure devant le tribunal de district pour l'exécution de la sentence de l'AAA, rendue

---

[44] CIRDI, Millicom International Operations B.V. and Sentel GSM S.A. c. République du Sénégal (ARB/08/20), décision sur la compétence du 16 Juillet 2010.

[45] CIRDI, Millicom International Operations B.V. c. Guinée (ARB/84/4), sentence du 6 Janvier 1988.

en faveur de l'investisseur, la Guinée est intervenue pour contester la compétence matérielle du tribunal à la fois pour contraindre à l'arbitrage que pour exécuter la sentence. Il a été alors jugé que l'ordonnance de contrainte à l'arbitrage ne souffrait d'aucun vice et que la compétence pour autoriser l'exécution était établie. La Guinée a interjeté appel au motif pris de l'article 26 de la convention de Washington qui fait du tribunal CIRDI le forum approprié et exclusif pour statuer sur les chefs de préjudices allégués par Mine. Le jugement du tribunal fut non seulement annulé. Surtout, dès sa constitution, le tribunal CIRDI a émis une injonction anti-suit en ordonnant à Mine « to withdraw immediately its pending domestic litigation against Guinea and to refrain from instituting any new proceedings »[46].

Il en fut pareillement dans le différend ayant opposé Millicom au Sénégal[47], lorsque le tribunal a émis une injonction anti-suit pour restreindre les procédures ouvertes par l'État défendeur devant ses tribunaux sur la base de l'art 26 de la convention CIRDI.

L'affaire SPP c. Égypte est autrement plus instructive de ce que la question de la validité d'une convention d'arbitrage peut découvrir sa plus haute expression lorsqu'un tribunal doit déterminer s'il est un forum approprié. Les deux parties avaient conclu un accord pour le développement de sites touristiques conformément à la loi égyptienne sur l'investissement. Son article 8 dispose que « les différends en matière d'investissement concernant la mise en œuvre des dispositions de la présente loi seront

---

[46] MOUAWAD (Caline) et SILBERT (Elisabeth), « A Guide to Interim Measures in Investor-State Arbitration », International Arbitration, Vol. 3, n°29, 2013, p. 381-434.

[47] CIRDI, Millicom International Operations B.V. and Sentel GSM S.A. c. République du Sénégal (ARB/08/20), décision sur la demande de mesures provisoires du 9 décembre 2009.

réglés d'une manière à convenir avec l'investisseur, ou dans le cadre des accords en vigueur entre la République arabe d'Égypte et le pays d'origine de l'investisseur, ou dans le cadre de la Convention pour le règlement des différends relatifs aux investissements entre l'État et les ressortissants d'autres pays à laquelle l'Égypte a adhéré en vertu de la loi n° 90 de 1971, lorsque cette convention s'applique ». Lorsque l'investisseur étranger s'est adressé au CIRDI à la survenance d'un différend, l'Égypte a émis une objection à la compétence du tribunal qui indique une relation hiérarchique entre les différentes options énumérées par la loi sus-indiquée qui n'ouvre droit à l'arbitrage CIRDI que lorsque les parties n'ont pas elles-mêmes convenu d'un mode spécifique de règlement de litige. L'Egypte a par ailleurs soutenu qu'un tel accord était intervenu aux termes d'une clause compromissoire contenue dans le contrat d'investissement qui donne juridiction à la cour d'arbitrage de la Chambre de Commerce Internationale (CCI). La question posée par le tribunal a été de déterminer « whether the parties have agreed on some other form of dispute resolution? » ; en effet, « if they did, then even on the Claimants' theory of the case, this 48Tribunal is not competent with respect to the present dispute »[48]. Au même moment, une instance était en cours devant la Cour de cassation française qui, dans les méandres de la procédure CCI parallèle, était appelée à déterminer si l'Égypte avait consenti à soumettre le différend à l'arbitrage sous les auspices de la CCI. Le tribunal a alors usé de son pouvoir discrétionnaire et appliqué une forme incontestée de *forum non conveniens* en se dessaisissant au profit de la haute juridiction française sur la question de l'existence et la validité d'une convention d'arbitrage, et décidé « to stay the

[48] CIRDI, Southern Pacific Properties (Middle East) Limited c. République Arabe d'Égypte (ARB/84/3), décision sur les objections préliminaires à la compétence du 27 Novembre 1985, par. 78.

present proceedings on the Respondent's remaining objections to the Centre's jurisdiction until the proceedings of the French courts have finally resolved the question of whether the Parties agreed to submit their dispute to the jurisdiction of the International Chamber of Commerce »[49]. Il n'a repris la procédure que lorsque la haute juridiction française a statué qu'aucune convention d'arbitrage valide ne liait les deux parties[50]. Il est toutefois difficile de trouver son équivalent dans la jurisprudence récente du Cirdi.

Dans tous les cas, l'usage prudent de la doctrine du *Forum Non Conveniens* a ainsi permis de désarmer les risques de décisions contradictoires lorsque la juridiction de deux tribunaux s'est étendue au même différend.

Cela dit, dans l'usage de ces mécanismes régulateurs, en particulier des *injonctions anti-suit*, le tribunal doit au préalable s'assurer que sa compétence est exclusive.

Paragraphe 2 : Une compétence non-exclusive

Le *forum non conveniens* et les *injonctions anti-suit* ne sont pas toujours admis au service mécanique d'une convention d'arbitrage dans le but de restreindre toute procédure parallèle ou concurrente. Il convient en effet de se ramener au contexte autonome de chaque litige en ce sens que l'existence d'une convention d'arbitrage valide ne présume pas d'une compétence exclusive.

Tout d'abord, bien que « in some cases, the tribunal directly addressed the domestic courts, recommending or ordering them to stop proceedings involving the same issues presented to the ICSID tribunal »[51], la règle exprimée à l'article 26 de la convention CIRDI inclut dans sa lettre une exception importante selon laquelle la compétence du

---

[49] Ibid, par. 92.

[50] Cour de Cassation, Chambre civile 1, 06 janvier 1987, n° 84-172774.

[51] MOUAWAD (Caline) et SILBERT (Elisabeth), op. Cit. p. 404.

tribunal arbitral est exclusive, « sauf stipulation contraire ». Ainsi, « article 26 is merely a deeming provision—a rule of construction or interpretation which can be displaced should the contrary intention be clear »[52].

L'exception à l'exclusivité du recours CIRDI a été plusieurs fois admise dans la pratique arbitrale. Ainsi, dans l'affaire qui l'a opposé à Southern Pacific Properties (Middle East) Limited, la République arabe d'Égypte a soutenu que le consentement des demandeurs était rendu illusoire et sans effet en ce sens que tout en acceptant la juridiction du CIRDI, ils rejettent une condition essentielle prescrite, à savoir la renonciation à tout autre recours. L'Égypte faisait ainsi référence à l'arbitrage devant la CCI qui aurait conduit à l'invalidité du consentement à l'arbitrage sous les auspices du CIRDI, pourtant indispensable à la compétence du centre au terme de l'article 25 de la convention de Washington[53]. Le tribunal a rejeté cette objection au motif que les demandeurs ont expressément signifié que la soumission de leur réclamation au jugement du tribunal CIRDI n'était pas exclusive de leurs droits à poursuivre l'arbitrage CCI. Sa décision se lit comme suit :

> « En acceptant la compétence du Centre, les demandeurs ont expressément réservé tout droit qu'ils pourraient avoir de demander l'exécution

---

52 MCLACHLAN QC (Campbell), Shore (LAURENCE) et WEINIGER (Matthew), International Investment Arbitration Substantives Principles, 1st edition, Oxford University Press, Oxford, 2008, 474 p.

53 L'article 25 de convention CIRDI dispose « (1) la compétence du Centre s'étend aux différends d'ordre juridique entre un État contractant (ou telle collectivité publique ou tel organisme dépendant de lui qu'il désigne au Centre) et le ressortissant d'un autre État contractant qui sont en relation directe avec un investissement et que les parties ont consenti par écrit à soumettre au Centre. Lorsque les parties ont donné leur consentement, aucune d'elles ne peut le retirer unilatéralement ».

de la sentence CCI rendue le 16 février 1983. Ainsi, la lettre citée plus haut (paragraphe 40) du 15 août 1983 du SPP au Ministre du Tourisme indique que les demandeurs se considèrent libres de prendre toutes les mesures nécessaires pour assurer le respect de la sentence CCI et que leur consentement à la compétence du CIRDI ne constitue pas une renonciation à tout droit qu'ils pourraient avoir de demander la reconnaissance et l'exécution de la sentence CCI par voie de procédure judiciaire. De même, la demande d'arbitrage reçue par le Centre le 24 août 1984 stipule : sans renoncer à aucun autre recours, SPP(ME) choisit par la présente de recourir aux recours pour le règlement des différends en matière d'investissement prévu par la référence de la loi n° 43 au recours du CIRDI en l'absence d'un accord spécifique entre les parties pour le règlement des différends »[54].

Bien sûr, il faut préciser que certains traités d'investissement (et modèles de TBI) exigent expressément à l'investisseur de renoncer à tout recours devant tout autre forum avant d'introduire une réclamation en vertu de leurs dispositions[55]. Dans ce cas, l'émission d'une injonction

[54] CIRDI, Southern Pacific Properties (Middle East) Limited c. République Arabe d'Egypte (ARB/84/3), décision sur les objections préliminaires à la compétence du 27 novembre 1985, par. 54.

[55] Les articles 29.4 du modèle de TBI de la SADC (2012) et 23.4 du modèle de TBI de la communauté de l'Afrique de l'EST disposent tous les deux que : « un investisseur peut soumettre une réclamation à l'arbitrage conformément au présent accord, à condition que : (c) l'investisseur a renoncé clairement et sans équivoque à tout droit de poursuivre et/ou de poursuivre toute réclamation relative aux mesures sous-jacentes à la réclamation présentée en vertu du présent accord, au

anti-suit est justifiée, et tout tribunal saisi des mêmes réclamations, seraient-elles fondées sur une convention d'arbitrage valide, devrait se déclarer *forum non conveniens* par déférence au for élu en vertu du traité d'investissement. Une telle décision pourrait être fondée sur l'interdiction de la perclusion, et son corollaire, le principe de bonne foi.

Il a été également jugé que l'article 26 de la convention CIRDI n'interdit pas à une partie d'introduire une demande de mesure conservatoire devant les tribunaux nationaux pour garantir l'exécution d'une éventuelle sentence arbitrale. C'est la Cour de cassation française qui, saisie d'une telle demande par Atlantic Triton Company Limited dans le différend qui l'opposait à la Guinée, mentionne dans un de ses considérants que : « Attendu qu'en disposant que le consentement des parties à l'arbitrage dans le cadre de cette convention est, sauf stipulation contraire, considéré comme impliquant renonciation à tout autre recours, ce texte n'a pas entendu interdire de s'adresser au juge étatique pour demander des mesures conservatoires destinées à garantir l'exécution de la sentence à venir »[56].

Les tribunaux soumettent également l'émission d'une injonction anti-suit ainsi que toute suspension pour *forum non conveniens* en cas de compétence concurrente, à l'application du triple test qui exige une identité des parties, des causes d'action et des objets[57]. Il a été également jugé qu'un tribunal pouvait faire droit à une demande de *forum non conveniens* bien que sa compétence soit fondée sur une convention d'arbitrage valide. L'exercice d'un tel pouvoir

nom de l'investisseur et de l'investissement, devant les tribunaux locaux. Dans l'État hôte ou dans toute autre instance de règlement des différends ».

[56] CIRDI, Atlantic Triton Company Limited c. République populaire révolutionnaire de Guinée (ARB/84/1), arrêt de la Cour de cassation française du 18 Novembre 1986, par. 8.

[57] CIRDI, Peter de Sutter et Kristof De Sutter c. République de Madagascar (ARB/17/18), sentence du 17 avril 2020, par. 257-263.

se servirait de facteurs non prévisibles à la conclusion du contrat[58]. Il pourrait en être ainsi en cas de changement de circonstance rendant le recours devant le for élu inefficace, sinon impossible[59].

L'exposé qui précède démontre que le *forum non conveniens* et les *injonctions anti-suit* peuvent être mis au service d'une convention d'arbitrage avec une réserve quant au caractère non-exclusif de la compétence. Une telle diligence sera autrement de droit lorsque des réclamations sont fondées sur une violation à la fois des dispositions d'un contrat et d'un traité international devant deux fors différends. Ce sera l'objet de la section suivante.

---

[58] CIRDI, Standard Chartered Bank c. République-Unie de Tanzanie (ARB/10/12), arrêt de la CJ d'Angleterre du 9 juin 2015, par. 117.
[59] Voir CIRDI, Strabag SE c. State of Libya (ARB/15/1), sentence du 29 Juin 2020, par. 196.

Section 2 : Treaty claims/contract claims

La CPJI dans l'affaire des emprunts Serbes a jugé que toute obligation qui ne lie pas deux États en tant que sujets de droit international repose sur le droit interne d'un pays[60]. Cette affirmation est remise sur le métier par l'avènement de l'internationalisation des contrats d'investissement et des clauses parapluies. Il s'agit d'une disposition incluse dans de nombreux TBI qui met à la charge de chaque État l'obligation de respecter les engagements pris à l'égard des investisseurs de l'autre partie. En plaçant ces engagements sous le parapluie protecteur du traité d'investissement et donc du droit international, une telle clause renforce la sécurité juridique de l'investisseur en assurant « (to) increase the costs to host states for violating their obligations to investors and thus encourage states to continue fulfilling those obligations »[61]. En tant que « one of the mysteries of international investment law »[62], ce soutien au principe de bonne foi soulève de pertinentes interrogations dans le contexte des différends d'investissement.

Afin de mieux pénétrer la controverse, nous nous intéresserons tout d'abord aux fondements juridiques de la distinction entre réclamation contractuelle et réclamation conventionnelle **(Paragraphe 1)** avant d'étudier la portée des clauses parapluies sur l'attribution de compétence exclusive en vertu d'un contrat **(Paragraphe 2).**

---

[60] CPJI, Affaire concernant le paiement de divers emprunts Serbes émis en France (France v. Serbie), arrêt du 12 juillet 1929, par. 19.

[61] SALACUSE (Jeswal), The Law Of Investment Treaties, 3rd edition, Oxford university Press, Oxford, 2021, 389 p.

[62] FABRI (Hélène Ruiz) et STOPPIONI (Edoardo), International Investment Law: An Analysis of The Major Decisions, 1st edition, Bloomsbury Publishing, London, 2023, 389 p.

Paragraphe 1 : Fondement de la distinction

Patel Engineering Limited et la République du Mozambique ont signé un contrat d'investissement contenant une clause exclusive de compétence qui soumet tout différend relatif à son exécution à la juridiction de la CCI. Lorsque le Mozambique agissant en tant que demandeur a saisi la CCI d'une réclamation pour manquement de Patel à ses obligations en vertu du contrat, l'investisseur a réagi en déposant une demande d'arbitrage auprès de la CPA en vertu de l'accord entre le Gouvernement de l'Inde et la République du Mozambique pour la promotion et la protection réciproque des investissements[63]. La question devient sérieuse lorsque le tribunal CCI émet une injonction anti-suit pour imposer le respect de la convention d'arbitrage et ainsi empêcher la poursuite de l'affaire devant la CPA[64].

L'affaire qui vient d'être exposée démontre que les *injonctions anti-suit* sont souvent mises au service d'une suspension de procédure en vertu d'un traité d'investissement en présence d'une clause exclusive de compétence contenue dans un contrat. L'insertion de telles clauses est alors interprétée comme renonciation faite à l'offre d'arbitrage contenu dans le TBI. La question juridique à trancher est alors de déterminer dans quelle mesure un tribunal arbitral doit reconnaître et donner effet à une clause d'élection du for convenue entre l'investisseur étranger et l'État hôte ? Quel serait le forum approprié dans un tel cas ?

---

[63] Arbitrage ad hoc CNUDCI, Patel Engineering Limited c. République du Mozambique, sentence du 3 février 2020.

[64] Arbitrage ad hoc CNUDCI, République du Mozambique et Ministère des Transports et des Communications du Mozambique c. Patel Engineering Limited, ordre de procédure n°14 du 25 novembre 2022, par. 101.

Les tribunaux arbitraux ont largement admis une distinction étanche et une autonomie réciproque entre réclamations contractuelles et réclamations conventionnelles.

Dans le différend qui l'a opposé à l'Égypte relativement à l'exécution d'une concession, l'investisseur Jan De Nul a d'abord introduit un recours devant les tribunaux égyptiens qui avaient compétence exclusive en vertu du contrat. Alors que ces dernières procédures demeuraient pendantes, l'investisseur a soumis une demande d'arbitrage sous les auspices du CIRDI en vertu de l'accord entre l'Union économique belgo-luxembourgeoise et la République arabe d'Égypte concernant l'encouragement et la protection réciproques des investissements entrée en vigueur en 2002 en succession du traité d'investissement de 1978. Son article 12 dispose que : « le présent accord s'appliquera à tous les investissements réalisés par les investisseurs d'une partie contractante sur le(s) territoire(s) du ou des autres États contractants avant ou après son entrée en vigueur conformément aux lois et règlements de l'un ou l'autre des États contractants[65]. Il ne sera toutefois pas applicable aux litiges nés avant son entrée en vigueur ». L'Égypte s'est alors fondée sur l'application rationae temporis du TBI pour contester avoir consenti à soumettre le différend à la juridiction du tribunal CIRDI. Il a soutenu que « Le TBI de 2002 est « [in] applicable aux différends survenus avant son entrée en vigueur » et ne peut donc pas constituer la base de la compétence du présent Tribunal sur un différend survenu

[65] Accord entre l'Union économique belgo-luxembourgeoise et la République arabe d'Egypte concernant l'encouragement et la protection réciproques des investissements adopté le 28 février 1999 disponible sur https://jusmundi.com/fr/document/treaty/fr-accord-entre-lunion-economique-belgo-luxembourgeoise-et-larepublique-arabe-degypte-concernant-lencouragement-et-la-protection-reciproques-des-investissements-ueblegypte-1999-sunday-28th-february-1999, consulté 21 avril 2024.

il y a plus de dix ans »[66]. Le tribunal a alors jugé que : « dans la présente affaire, alors que le litige qui a donné lieu à la procédure devant les tribunaux égyptiens portait sur des questions d'interprétation des contrats et de droit égyptien, le litige devant ce Tribunal CIRDI porte sur des violations présumées des deux TBI, en particulier des dispositions sur le traitement juste et équitable, sur la protection et la sécurité continues et sur l'obligation de promouvoir les investissements »[67]. Le tribunal devait en effet décider ou bien que le différend porté devant lui est le même que celui commencé devant les tribunaux administratifs égyptiens (auquel cas, les demandeurs ne disposeraient pas d'un consentement clair et sans équivoque de l'Egypte à l'arbitrage CIRDI), ou bien que la réclamation fondée sur une violation du TBI relève d'un différend nouveau. Il a conclu ceci « en conséquence, le fait qu'un litige implique des droits contractuels et des recours contractuels ne signifie pas en soi qu'il ne peut pas également impliquer des violations de traités et des réclamations en vertu de traités »[68]. Le même raisonnement a été retenu dans l'affaire CMC c. Mozambique, lorsque le tribunal a jugé que :

« Le Tribunal ne considère donc pas que les demandeurs étaient obligés de faire valoir leurs prétentions en vertu du TBI dans un arbitrage mené conformément au Règlement d'arbitrage de Cotonou, que ce soit pour des raisons d'interprétation de traité ou de contrat. Ni la Convention de Cotonou ni le contrat du lot 3, de l'avis du Tribunal, ne

[66] CIRDI, Jan de Nul N.V. and Dredging International N.V. c. République Arabe d'Egypte (ARB/04/13), décision sur la compétence du 16 Juin 2006, par. 59.

[67] Idem, par. 117.

[68] Idem, par. 80.

privent les demandeurs de leur droit en vertu du TBI de soumettre le présent différend à l'arbitrage du CIRDI »[69].

Lorsque le for élu au contrat d'investissement est constitué des juridictions de l'État hôte, la distinction entre réclamations contractuelles et réclamations conventionnelles peut être justifiée par le fait que les tribunaux nationaux d'une part, et les tribunaux arbitraux de l'autre se situent dans deux ordres juridiques différents[70] et appliquent donc deux normes distinctes : le droit interne et le droit international. En effet, selon l'article 3 du projet d'article de la CDI sur la responsabilité des États « la qualification du fait de l'État comme internationalement illicite relève du droit international. Une telle qualification n'est pas affectée par la qualification du même fait comme licite par le droit interne »[71]. La CIJ l'a confirmé en ces termes dans l'affaire ELSI « compliance with municipal law and compliance with the provisions of a treaty are different questions. What is a breach of treaty may be lawful in the municipal law and what is unlawful in the municipal law may be wholly innocent of violation of a treaty provision »[72]. Ainsi, et à titre d'illustration, « it is a well-

---

[69] CIRDI, CMC Muratori Cementisti CMC Di Ravenna SOCONTRE Coop., CMC Muratori Cementisti CMC Di Ravenna SOCONTRE Coop. A.R.L. Maputo Branch and CMC Africa and CMC Africa Austral, LDA c. République du Mozambique (ARB/17/23), sentence du 24 octobre 2019, par. 295.

[70] Pour un exposé sur la nature des relations entre ces deux ordres juridiques, voir FORTEAU (Mathias) et autres, Droit International Public, 9ème édition, Lextenso, Paris, p. 128-133.

[71] Projet d'articles sur la responsabilité de l'Etat pour fait internationalement illicite, adopté en 2001, disponible sur https://legal.un.org/ilc/texts/instruments/french/draft_articles/9_6_2001.pdf.

[72] ICJ, CASE CONCERNING ELETTRONICA SICULA S.P.A. (ELSI) (UNITED STATES OF AMERICA v. ITALY) JUDGMENT OF 20 JULY 1989 disponible sur: https://www.icj-

established principle of international law that a governmental act may constitute expropriation in international law even though it is lawful under the law of the State taking that act »[73]. La convention de Vienne sur le droit des traités dispose également en son article 27 « une partie ne peut invoquer les dispositions de son droit interne comme justifiant la non-exécution d'un traité. Cette règle est sans préjudice de l'article 46 »[74]. Ainsi, il est admis que les mêmes faits puissent donner lieu à des réclamations fondées sur deux ordres juridiques distincts : « the failure to respect such obligations, while remaining subject to local courts or the contractually specified dispute settlement procedures, also renders an offending state subject to the jurisdiction of investor–state arbitration or whatever other dispute settlement mechanisms are provided for by treaty »[75]. Cette règle a été consacrée par plusieurs sentences arbitrales[76].

La rédaction de certains traités résout parfois la question en faveur d'une clause d'élection de for convenue entre l'investisseur et l'État. Par exemple, le modèle de traité d'investissement de la SADC dispose :

---

cij.org/sites/default/files/caserelated/76/076-19890720-JUD-01-00-FR.pdf.

[73] CIRDI, Ecodevelopment in Europe AB and Eco Energy Africa AB c. United Republic of Tanzania (ARB/17/33), award of 13 April 2022, par. 346.

[74] L'article 46 prévoit une exception lorsque l'expression par l'État de son consentement à être lié par le traité s'est fait en violation d'une règle d'importance fondamentale de son droit interne.

[75] SALACUSE (Jeswal), THE LAW OF INVESTMENT TREATIES, 3rd edition, Oxford university Press, Oxford, 2021, p. 389.

[76] Voir Arbitrage ad hoc CNUDCI, Olin Holdings Limited c. État de Libye, sentence finale du 25 mai 2018 ; CIRDI, Salini Costruttori SPA et Italstrade SPA c. Royaume du Maroc (ARB/00/4), décision sur la compétence du 16 juillet 2001 ; CIRDI, Jan de Nul NV et Dredging International NV c. République arabe d'Égypte (ARB/04/13), décision sur la compétence du 16 juin 2006.

« (a) un arbitrage en vertu du présent article concerne une allégation de violation d'un ou plusieurs droits ou obligations en vertu du présent accord qui est soumis à l'arbitrage. (b) Lorsqu'une autorisation d'investissement ou un contrat comprend une clause d'élection de for pour la résolution des différends relatifs à cet investissement ou à l'autorisation ou au contrat, aucun arbitrage en vertu du présent accord ne peut être initié par l'investisseur lorsque la mesure sous-jacente à l'arbitrage aurait été couverte par une telle clause d'élection de for »[77].

Il mérite d'être souligné que « a third approach to implementing the Calvo doctrine was to include "Calvo clauses" in contracts with foreign companies by which the companies agreed to pursue claims only in local courts and to relinquish the right to diplomatic protection in any dispute arising out of the contractual relationship »[78].La recherche n'a pas trouvé d'exemples de ce type de clause insérée dans un contrat conclu par un État africain.

La distinction entre réclamation contractuelle et réclamation conventionnelle acquise, il convient de

---

[77] Art 29.9 du Modèle de Traité d'investissement de la SADC (2012) disponible sur : https://jusmundi.com/fr/document/treaty/en-southern-african-development-community-model-bilateral-investmenttreaty-template-sadc-model-bit-2012-friday-1st-june-2012 consulté le 4 mars 2024. Voir également l'article 23.9 du Modèle de TBI de la CAE (2016) disponible sur https://jusmundi.com/fr/document/treaty/en-the-east-africancommunity-eac-model-investment-treaty-2016-eac-model-investment-treaty-2016-tuesday-2nd-february-2016. consulté le 4 mars 2024.

[78] SALACUSE (Jeswal), The Three Laws Of International Investment National, Contractual, and International Frameworks for Foreign Capital, 1st edition, Oxford university Press, Oxford, 2013, par. 322.

déterminer ce qui relève de cette dernière catégorie. En d'autres termes, faut-il nécessairement qu'une réclamation conventionnelle soit fondée sur la violation d'une norme indépendante du traité ? C'est toute la problématique de l'effet des clauses parapluies.

Paragraphe 2 : Effet des clauses parapluies

Comme l'illustre l'affaire Patel Engineering Limited c. République du Mozambique, l'émission d'une injonction anti-suit ou le renvoi des parties devant le for approprié au regard de l'objet de la réclamation peuvent largement dépendre de l'interprétation donnée du tribunal d'une clause parapluie d'un traité d'investissement. La problématique est pertinente et sujette à controverse. En effet, la clarté de la distinction entre réclamations contractuelles et réclamations conventionnelles est nuancée par l'inclusion de clause-parapluie par laquelle chaque État s'engage à honorer ses obligations contractées vis-à-vis des investisseurs de l'autre partie. Quel est l'effet d'une telle disposition sur une clause de compétence exclusive contenue dans un contrat ? Opère-t-elle de manière à rendre des réclamations purement contractuelles justiciables devant un tribunal arbitral statuant en vertu d'un traité d'investissement ?

Dans sa décision sur la compétence du 16 juin 2006, rendue dans l'affaire Jan de Nul N.V. and Dredging International N.V. c. République Arabe d'Égypte[79], le tribunal se réfère à la décision du comité d'annulation dans

[79] CIRDI, Jan de Nul N.V. and Dredging International N.V. c. République Arabe d'Egypte (ARB/04/13), décision sur la compétence du 16 Juin 2006 ; Voir aussi CIRDI, Strabag SE c. Libye (ARB/15/1), sentence du 29 juin 2020 ; Arbitrage ad hoc CNUDCI, Etrak Insaat Taahut ve Ticaret Anonim Sirketi c. État de Libye, sentence finale du 22 juillet 2019.

l'affaire Vivendi c. Argentine[80]. Le passage pertinent se lit comme suit :

> « 101. D'autre part, lorsque "la base fondamentale de la réclamation" est un traité établissant une norme indépendante à laquelle doit être jugé le comportement des parties, l'existence d'une clause de juridiction exclusive dans un contrat entre le demandeur et l'État défendeur ou l'une de ses subdivisions ne peut pas constituer un obstacle à l'application de la norme du traité. Tout au plus, cela pourrait être pertinent — comme le droit interne l'est souvent — pour évaluer s'il y a eu violation du traité. 105. (…) Mais il y a une différence entre exercer une compétence contractuelle (exclusivement conférée aux tribunaux administratifs de Tucumán en vertu du contrat de concession) et prendre en compte les termes d'un contrat pour déterminer s'il y a eu violation d'une norme distincte du droit international ».

Cette décision recèle un double positionnement de droit. D'une part, elle confirme l'étanchéité de la distinction treaty claims/contract claims, mais aussi elle exige une violation d'une norme autonome du traité et ne reconnait donc aucun effet aux clauses parapluies. Ces dispositions n'ont donc à elles seules aucune portée opératoire, et ne sont pas suffisantes à ériger une réclamation contractuelle en réclamation internationale. Tout au plus, le contrat peut-il être pertinent pour apprécier les droits dont l'investisseur s'était nanti et le traitement qui leur a été réservé par l'État hôte. Ainsi, dans sa décision sur la compétence du 1er

---

[80] CIRDI, Compañía de Aguas del Aconquija SA et Vivendi Universal SA c. la République argentine (ARB/97/3), décision sur la demande en annulation de la sentence du 10 août 2010.

février 2016 relative à l'affaire American Israel Corporation et autres c. République arabe d'Égypte, le tribunal a pris note que décidé que « les requérants invoquent des violations de diverses normes prévues par le Traité (…) notamment le traitement juste et équitable, l'expropriation illégale (…) ; que, pour conclure à une violation de ces (…), il devra déterminer, à titre accessoire, si le contrat de fourniture de gaz de la source a été valablement résilié »[81].

Il suit de ce qui précède que, pour fonder la compétence du tribunal, la violation d'une obligation doit sortir « de la sphère purement contractuelle et mettre en jeu l'exercice des pouvoirs souverains de l'État »[82]. Il semble toutefois que « la distinction entre les actes accomplis « jure imperii » (ou actes de puissance publique) et les actes réalisés « jure gestionis » (soit) étrangère au droit international de la responsabilité de l'État »[83].

Quoi qu'il en soit, certains tribunaux arbitraux s'identifiant au raisonnement exposé ont toutefois admis une exception en cas de force majeure rendant inopérante la clause compromissoire du contrat afin d'éviter un déni de justice.

C'est le cas dans l'affaire Strabag SE c. Libye. L'État défendeur objectait à la compétence du tribunal CIRDI ceci qu'il doit donner effet à la clause d'élection de for du contrat et ne pas retenir sa compétence sur la base de la clause parapluie contenue dans le TBI Autriche-Libye entré

[81] CIRDI, Ampal-American Israel Corp., EGI-Fund (08-10) Investors LLC, EGI-Series Investments LLC, BSS-EMG Investors LLC et David Fischer c. République arabe d'Égypte (ARB/12/11), décision sur la compétence du 1 février 2016, par. 255.

[82] Arbitrage ad hoc CNUDCI, Consutel Group Spa c. la République algérienne démocratique et populaire, sentence finale du 3 février 2020, par. 327.

[83] DUPUY (Pierre-Marie) et KERBRAT (Yann), Droit international public, 14ème édition, Dalloz, Paris, 2018, 634- 2-a.

en vigueur en 2004. Le tribunal s'est alors déclaré compétent en concluant :

« À la demande du tribunal, les parties, et notamment le demandeur, ont produit après l'audience de nombreux rapports et informations fiables provenant de sources extérieures sur la situation sécuritaire actuelle et sur les conditions de fonctionnement du système judiciaire en Libye. Selon le tribunal, ces éléments, dont certains sont cités ci-dessus, confirment que l'état des tribunaux libyens reste très critique »[84].

Le raisonnement qui précède pourrait rappeler la solution retenue par le projet d'article de la CDI sur la protection diplomatique quant aux exceptions à l'épuisement des recours internes. Les dispositions pertinentes sont ainsi libellées : « les recours internes n'ont pas à être épuisés lorsque : a) il n'y a pas de recours internes raisonnablement disponibles pour accorder une réparation efficace, ou les recours internes n'offrent aucune possibilité raisonnable d'obtenir une telle réparation ; b) l'administration du recours subit un retard abusif attribuable à l'État prétendument responsable ; (…) d) la personne lésée est manifestement empêchée d'exercer les recours internes;(…) »[85]. L'objectif poursuivi est d'ouvrir un recours alternatif destiné à pallier l'indisponibilité du for naturel à satisfaire la justice.

En ce qui concerne le fardeau de la preuve, il est possible de se référer à la décision de la CIJ dans l'affaire Ahmadou Sadia Diallo « il incombe au demandeur de prouver que les recours internes ont été effectivement épuisés ou d'établir (...) des circonstances exceptionnelles,

---

[84] Idem, par. 203.

[85] Article 15 du Projet d'articles sur la protection diplomatique adopté en 2006, disponible sur https://legal.un.org/ilc/texts/instruments/french/draft_articles/9_8_2006.pdf, consulté le 2 février 2024.

alors qu'il appartient au défendeur de convaincre la Cour qu'il existait dans son système juridique interne des recours efficaces qui n'ont pas été épuisés »[86].

Il faut finalement noter que ce même raisonnement pourrait encore être appliqué à la question de savoir si un contrat peut donner lieu à une attente légitime protégée par le droit international sous le parapluie cette fois-ci de la clause de traitement juste et équitable. Afin de fonder cette ligne jurisprudentielle, le tribunal, dans l'affaire Hamester c. Ghana, a attiré l'attention sur le fait que :

> « En guise de conclusion, le Tribunal souhaite souligner que la conséquence d'une élévation automatique et globale de toutes les réclamations contractuelles en réclamations conventionnelles risque de saper la distinction entre les ordres juridiques nationaux et le droit international. De l'avis du Tribunal, ce résultat n'est pas conforme à l'objectif général du mécanisme CIRDI/BIT pour la protection internationale des investissements étrangers »[87].

Il vient d'être exposé les conditions suivant lesquelles les tribunaux peuvent utiliser des *injonctions anti-suit* et le *forum non conveniens* pour donner effet à une convention d'arbitrage. Le recours à ces mécanismes peut par ailleurs être gouverné par un souci de bonne administration de la justice.

[86] CIJ, Affaire Ahmadou Sadia Diallo (République de Guinée v. République démocratique du Congo), arrêt du 24 mai 2007, par. 44.

[87] CIRDI, Gustav F W Hamester GmbH & Co KG c. République de Ghana (ARB/07/24), sentence du 18 juin 2015, par. 349.

CHAPITRE 2 : LES MOYENS TIRÉS D'UNE BONNE ADMINISTRATION DE LA JUSTICE

Dans le but de remplir pleinement leur mission judiciaire de règlement de différend par voie d'arbitrage et d'administration correcte de la justice, les arbitres disposent du pouvoir inhérent d'user de toutes les techniques juridiques à leur disposition. La CIJ a déjà statué que :

> « il convient de souligner que la Cour possède une juridiction inhérente lui permettant de prendre les mesures nécessaires, d'une part, pour s'assurer que l'exercice de sa compétence sur le fond, une fois établie, ne soit pas compromis, et d'autre part, pour veiller à ce que tous les aspects du litige soient réglés de manière ordonnée, afin de garantir le respect des limitations inhérentes à l'exercice de la fonction judiciaire » de la Cour et de « préserver son caractère judiciaire »[88].

La « bonne administration de la justice » constitue donc un cadre normatif qui commande à l'arbitre un ensemble d'actions cristallisées dans le concept « d'équité procédurale »[89].

Nous verrons comment la doctrine du *Forum Non Conveniens* et les *injonctions anti-suit* peuvent être des

---

[88] CIJ, Affaire des essais nucléaires (Australie v France), arrêt du 20 décembre 1974, par. 23.

[89] CIRDI, WalAm Energy LLC c. République du Kenya (ARB/15/7), sentence du 10 juillet 2020, par. 499 ; Voir aussi, WEIL (Prosper), « L'équité dans la jurisprudence de la Cour internationale de Justice », in LOWE (Vaughan) et FITZMAURICE (Malgosia), Fifty Years Of The ICJ, Essays in Honor of Sir Robert Jennings, Cambridge University Press, Cambridge, 1996, p. 121-144.

mécanismes efficaces pour garantir l'intégrité et la régularité de l'arbitrage d'investissement **(Section 1),** ainsi que la préservation des droits procéduraux des parties **(Section 2).**

Section 1 : La régulation du forum shopping

La théorie de la rationalité économique trouve un terrain bien établi dans l'arbitrage d'investissement. En effet, les stratégies de maximisation des avantages sont au cœur du choix par les parties du tribunal arbitral, par un usage souvent sophistiqué des règles de compétence. Cette recherche de la juridiction la plus favorable, désignée sous la locution « forum-shopping », soulève des problèmes pratiques. D'une part, elle comporte des risques de décisions contradictoires, ce qui compromet la sécurité juridique, et de double recouvrement. Sur le fond, elle est souvent constitutive de pratiques oppressives et vexatoires à l'égard d'une partie aux procédures d'arbitrage.

Cette section examinera la manière dont les tribunaux arbitraux peuvent utiliser des injonctions anti-suit ainsi que la doctrine du forum non conveniens pour réguler le forum shopping dans le cas d'une saisine d'un forum non naturel (**Paragraphe 1**) ou de réclamations parallèles portées en vertu de deux traités d'investissement **(Paragraphe 2).**

Paragraphe 1 : La saisine d'un for non naturel

La doctrine du *Forum Non Conveniens* dans le contexte des différends d'investissement suppose qu'une partie ait saisi un tribunal autre que le for naturel pour trancher la question de droit. D'où l'émission d'une injonction anti-suit permettant de restreindre les procédures engagées devant l'autre for. Elle correspond donc à la situation « by a party in a litigation context to use jurisdictional rules to bring its case in a jurisdiction deemed to be more favorable to that party's interests as to the substantive outcome of the case »[90]. C'est le cas dans le différend ayant opposé Zhongshan Fucheng Industrial Investment au Nigéria, où une ordonnance est émise restreignant l'arbitrage à l'étranger au motif que le Nigéria et non Singapour avait un lien sensiblement plus étroit avec l'arbitrage et constituait donc le for naturel[91].

Cette forme particulière de forum shopping, pour être établie dans le cadre des réclamations internationales, nécessite un effort d'interprétation des dispositions du traité d'investissement.

Dans l'affaire Technologie de trafic et d'éclairage routier de Pékin c. La République du Ghana, l'investisseur a introduit une réclamation internationale pour expropriation illégale en vertu du TBI Chine-Ghana signé en 1989. L'article 8 dispose que « any dispute between either Contracting State and the investor of the other Contracting State concerning the amount of compensation for expropriation may be submitted to an arbitral tribunal ». Pour le tribunal, il s'agissait de déterminer s'il constitue le forum approprié pour apprécier la question de la légalité de l'expropriation. En d'autres termes, ou bien adopter une interprétation large qui soumet à sa juridiction tout différend dans lequel la question du montant de l'indemnité pour expropriation illégale est incluse, ou se limiter à une lecture étroite des dispositions pertinentes, signifiant par là qu'un différend peut être soumis à un tribunal arbitral où la seule question en litige porte sur le montant de l'indemnité d'expropriation. Ainsi, l'intérêt du problème réside dans ceci qu'il permet de déterminer si les réclamations relèvent

---

[90] FERRARI (Franco), Forum Shopping In The International Commercial Arbitration, 1rt edition, Sellier European law publishers, Munich, 2013, p. 53.

[91] Arbitrage ad hoc CNUDCI, Zhongshan Fucheng Industrial Investment Co. Ltd. c. République du Nigéria, sentence finale du 21 Mars 2023.

de la convention d'arbitrage ou s'il s'agit d'une tentative de forum shopping. Il a été jugé que « le Tribunal considère que le sens ordinaire de l'article 10(1) du Traité ne puisse être interprété comme incluant la question du droit à l'expropriation. À cet égard, le Tribunal relève la qualification importante de l'expression « le montant de » avant l'expression « indemnité d'expropriation » qui, selon le sens ordinaire, limite clairement la portée des questions qui peuvent être soumises à l'arbitrage. Ainsi, le sens ordinaire de l'expression « concernant le montant de l'indemnité d'expropriation » n'inclut pas la question du droit à l'expropriation »[92].

Dans sa décision, le tribunal « retient les objections du défendeur à la compétence du Tribunal et conclut que celui-ci n'a pas compétence pour statuer sur les demandes du demandeur dans le cadre du présent arbitrage »[93]. Ainsi, les deux parties ont été renvoyées devant les tribunaux nationaux ghanéens qui constituent le for approprié en la matière.

Ce raisonnement est conforme aux principaux instruments régissant l'arbitrage international. Ainsi, la convention de New York pour la reconnaissance et l'exécution des sentences arbitrales étrangères prévoit qu'elles peuvent être refusées lorsque « la sentence porte sur un différend non visé dans le compromis ou n'entrant pas dans les prévisions de la clause compromissoire, ou qu'elle contient des décisions qui dépassent les termes du compromis ou de la clause compromissoire » 95. Dans le cadre des arbitrages CIRDI une telle sentence serait susceptible d'annulation sur la base de l'article 52 de la

[92] Arbitrage ad hoc CNUDCI, Beijing Everyway Traffic & Lightning Tech. Co., Ltd c. République de Ghana, décision sur la compétence du 30 Janvier 2023, par. 166.
[93] Idem, par. 301.

convention de Washington pour excès de pouvoir[94]. En ce sens, « il ressort des travaux préparatoires que l'intention des rédacteurs de la Convention était d'envisager la situation dans laquelle la décision du tribunal était allée au-delà des termes de la convention d'arbitrage des parties. Ce motif concerne une situation dans laquelle un tribunal tranche le différend, alors qu'il n'est pas compétent selon les termes de la convention d'arbitrage. Il peut aussi couvrir une situation dans laquelle un tribunal n'exerce pas sa compétence »[95]. Il est manifeste que :

> « Il n'y a aucune raison satisfaisante d'interpréter l'expression « soumission à l'arbitrage » comme se limitant uniquement aux conclusions présentées par les parties dans le cadre de procédures arbitrales particulières, et comme excluant les questions soumises à l'arbitrage par la convention d'arbitrage des parties. Si une sentence aborde des questions qui ne relèvent manifestement pas du champ d'application de l'accord d'arbitrage conclu entre les parties, elle devrait alors être sujette à annulation pour excès de pouvoir »[96].

Il faut par ailleurs signifier le recours fréquent à l'incidence procédurale de la CNPF afin d'accéder à l'offre

---

[94] Article 5.c de la convention pour la reconnaissance et l'exécution des sentences arbitrales étrangères adoptée le 10 juin 1958, disponible sur : https://www.newyorkconvention.org/french, consulté le 18 décembre 2023.

[95] CIRDI, Orascom TMT Investments SARL. c. République d'Algérie (ARB/12/35), décision sur l'annulation du 17 Septembre 2020, par. 155.

[96] Arbitrage ad hoc, Swissbourgh Diamond Mines (Pty) Limited, Josias Van Zyl, The Josias Van Zyl Family Trust and others c. Royaume du Lesotho, jugement de la Cour d'Appel de Singapour du 27 novembre 2018, par. 71.

d'arbitrage d'autres traités d'investissements. Dans l'affaire Technologie de trafic et d'éclairage routier de Pékin c. La République du Ghana ci-dessus, l'investisseur chinois avait également entendu se prévaloir des clauses de règlement de différend plus favorables contenues dans les TBI conclus par le Ghana avec d'autres pays pour accéder à l'arbitrage international. Le tribunal a alors décidé que « having carefully considered the Parties' submissions, including relevant investment treaty awards and literature on this matter, the Tribunal considers that it does not have jurisdiction to decide the Claimant's claims in this arbitration under Article 3 of the Treaty. The reasons for the Tribunal's decision are set out below »[97]. La question est revenue à l'identique dans l'affaire Dawood Rawat c. République de Maurice, le tribunal refusant d'accéder aux prétentions de l'investisseur au motif que :

> « Les avocats des parties n'ont pas été en mesure d'indiquer au Tribunal une décision dans laquelle un tribunal des investissements chargé d'interpréter un TBI sans aucune clause d'arbitrage direct entre investisseur et État aurait conclu à sa compétence sur la base d'une clause NPF dans le traité de base, permettant ainsi à l'investisseur d'accepter effectivement une offre d'arbitrage faite par l'État d'accueil aux investisseurs d'un État tiers »[98].

---

[97] Arbitrage ad hoc CNUDCI, Beijing Everyway Traffic & Lighting Tech. Co., Ltd c. République de Ghana, décision sur la compétence du 30 Janvier 2023, par. 261.

[98] Arbitrage ad hoc CNUDCI, Dawood Rawat c. République de Maurice, ordonnance sur la demande de mesures provisoires du 17 janvier 2017, par. 84. ; Voir également CIRDI, Menzies Middle East and Africa S.A. and Aviation Handling Services International Ltd. C. République du Sénégal (ARB/15/21).

Par un verbe plus expressif, le tribunal dans l'arbitrage ad hoc Kontinental Conseil Ingénierie c. République du Gabon s'est déclaré d'avis que :

> « La clause de la nation la plus favorisée, qui étend au traitement des ressortissants d'un État partie à un traité les avantages accordés aux ressortissants d'un autre traité de protection conclu avec un autre État partie, ne concerne que les avantages substantiels contenus dans les traités d'investissements, dont notamment le traitement national, le traitement juste et équitable et les conditions d'expropriation. Cette clause n'a pas vocation à s'étendre aux avantages procéduraux de règlement des différends prévus dans les traités de protection des investissements et notamment à l'extension de la délimitation de la compétence des arbitres »[99].

En vérité, la problématique de l'incidence procédurale de la CNPF est surtout une question d'interprétation pour déterminer, suivant les règles établies par la convention de Vienne, l'intention des États parties[100]. C'est d'ailleurs l'avis du tribunal dans l'affaire Christian Doutremepuich c. République de Maurice lorsqu'il déclare :

> « Le tribunal estime qu'il n'existe aucun argument de principe pour ou contre l'application d'une clause NPF aux dispositions relatives au règlement des différends, c'est-à-dire qu'il n'existe pas de règle générale selon

---

[99] Arbitrage ad hoc CNUDCI, Kontinental Conseil Ingénierie c. République du Gabon, décision de la Cour d'appel de Paris du 25 Juin 2019.

[100] Articles 31 et 32 de la Convention de Vienne sur le droit des traités entre États, adoptée le 23 Mai 1969 disponible au lien suivant https://legal.un.org/ilc/texts/instruments/french/conventions/1_1_1969 .pdf, 10 décembre 2023.

laquelle les clauses NPF s'appliquent toujours ou jamais au règlement des différends. Au contraire, selon le Tribunal, les clauses NPF peuvent s'appliquer aux dispositions relatives au règlement des différends, à condition que telle soit l'intention des États contractants. La question concerne la portée voulue de la clause NPF pertinente et donc l'interprétation de la disposition en question »[101].

Il est vrai que « if each case is to be approached as a sui generis exercise in treaty interpretation, then the prospects for a coherent international law of investment seems remote »[102] et que, par conséquent, « a law-making role for investment treaty tribunals is a functional necessity given the open-textured drafting that characterizes investment treaties »[103]. Sur cette base, il est coutume d'invoquer la décision du tribunal arbitral dans l'affaire Itisaluna Iraq LLC et autres c. République d'Irak, qui a refusé l'incidence procédurale de la CNPF. Ce qui n'est pas constant d'être rappelé par contre c'est que le tribunal n'est parvenu à cette conclusion que par une interprétation sui generis des dispositions du tbi pertinent. En effet, il a souligné que « la question clé, aux fins de la présente affaire, n'est pas de savoir si les clauses NPF dans l'abstrait peuvent s'appliquer au règlement des différends par principe, mais plutôt si la clause NPF en cause dans la présente affaire, la clause NPF de l'Accord de l'OCI, doit être correctement interprétée

---

[101] Arbitrage ad hoc CNUDCI, Christian Doutremepuich and Antoine Doutremepuich c. République de Maurice, décision sur la compétence du 23 Aout 2019, par. 197.

[102] DOUGLAS (Zachary), « The MFN Clause in Investment Arbitration: Treaty Interpretation Off the Rails », Journal of International Dispute Settlement, Vol. 2, n° 1, 2011, p. 99.

[103] Idem.

comme incorporant un consentement écrit à l'arbitrage du CIRDI »[104]. Il a même ajouté que « malgré le débat sur le champ d'application des clauses NPF, il existe un corpus suffisamment établi de règles cohérentes en matière de traités d'investissement en faveur de la proposition selon laquelle les clauses NPF sont susceptibles de s'appliquer, en principe, aux articles de règlement des différends »[105]. Il faut donc admettre que, lorsque cela relève expressément du consentement des États, la CNPF peut s'étendre à des avantages procéduraux. En l'absence donc de cette mention expresse, une telle possibilité doit être refusée sur la base de l'exigence d'un consentement claire et non-équivoque. C'est d'ailleurs l'avis du tribunal dans la même affaire « il n'est pas totalement exclu qu'une clause NPF puisse s'appliquer aux dispositions de règlement des différends, mais seulement lorsque cela est indiqué dans le traité contenant la clause NPF »[106]. Il existe donc une présomption négative qui peut être renversée par les dispositions du tbi. Ce qui ne peut conduire qu'à des solutions adaptées au contexte de chaque différend.

Cela dit, le forum shopping est également de vigueur lorsque l'investisseur se fonde sur deux TBI afin de faire valoir ses moyens.

Paragraphe 2 : Les réclamations parallèles en vertu de deux tbi

Une forme concurrente de forum shopping consiste pour l'investisseur à se prévaloir, pour des faits de nature identique, de réclamations en vertu de deux traités

---

[104] CIRDI, Itisaluna Iraq LLC et autres c. République d'Irak (ARB/17/10), sentence du 3 avril 2020, par. 196.
[105] Idem, par. 195.
[106] Idem.

d'investissement. Une illustration éloquente de ce phénomène est celle où des entreprises situées dans la même chaîne d'investissement, et détenues par le même investisseur, peuvent engager des actions simultanées pour obtenir réparation du même préjudice devant au moins deux tribunaux différents. Cette situation offre un intérêt à cette étude en ce sens que le tribunal doit s'interroger sur l'impact des procédures parallèles sur son propre travail. Le tribunal doit-il exercer sa compétence discrétionnaire en accordant une suspension de la procédure devant lui pour *Forum Non Conveniens* ou en restreignant la poursuite de la procédure devant l'autre forum ?

Il faut signifier d'entrée que, sous la plume du triple test d'identité, la lettre des décisions de plusieurs tribunaux se lit comme suit « the outcome of the ICC Arbitration is not material to the outcome of this arbitration. This Tribunal is not bound by any findings of the ICC Tribunal and is completely independent. Each tribunal has been appointed under different instruments of consent and deals with different causes of action »[107]. Une décision similaire a été adoptée dans l'affaire Beijing c. Ghana, lorsque le tribunal s'est déclaré d'avis que :

> « Le Tribunal ne considère pas que les procédures d'arbitrage parallèles entre les parties en vertu du Règlement de la LCIA affectent la question de la compétence dans le présent arbitrage. Bien que le contexte factuel des deux arbitrages soit similaire, l'arbitrage de la LCIA est une question distincte qui concerne les obligations du défendeur en vertu du contrat EPIC, tandis que le présent arbitrage concerne

[107] Arbitrage ad hoc CNUDCI, Patel Engineering Limited c. République de Mozambique, ordre de procédure n°4 du 3 Novembre 2021, par. 34.

les obligations du défendeur en vertu de l'accord Chine-Ghana »[108].

Dans le domaine du droit de la mer, le TIDM, dans The MOX Plant Case (Ireland v. United Kingdom), avait justifié cette approche par le constat que les droits et obligations de l'État, se répétant à l'identique dans la lettre de deux instruments internationaux, peuvent pourtant revêtir des significations bien différentes selon le contexte, en application des règles d'interprétation de la convention de Vienne[109]. Ce qui constitue donc une violation d'un premier accord ne donne pas nécessairement droit à réparation sous la juridiction du deuxième.

Bien que ce raisonnement soit fondé en droit, il peut être toutefois préjudiciable à la sécurité juridique par l'émission de décisions contradictoires et de double recouvrement. Le Tribunal l'a également souligné dans l'affaire SPP c. Égypte :

> « Lorsque la compétence de deux tribunaux indépendants et sans lien entre eux s'étend au même litige, aucune règle de droit international ne les empêche d'exercer leur compétence. Toutefois, dans l'intérêt de l'ordre judiciaire international, l'un ou l'autre des tribunaux peut, à sa discrétion et par courtoisie, décider de surseoir à l'exercice de sa compétence en attendant la décision de l'autre tribunal »[110].

---

108 Arbitrage ad hoc CNUDCI, Beijing Everyway Traffic and Lighting Co Ltd c. République du Ghana, sentence définitive sur la compétence du 30 janvier 2023, par. 299.

109 ITLOS, The MOX Plant Case (Ireland v. United Kindom), Provisional Order of 3 December 2001.

110 CIRDI, Southern Pacific Properties (Middle East) Limited c. République Arabe d'Egypte (ARB/84/3), décision sur les objections préliminaires à la compétence du 27 Novembre 1985, par. 83.

Aussi, certains tribunaux ont admis la possibilité de limiter le recours au forum shopping par l'émission d'une injonction anti-suit lorsqu'un certain seuil a été atteint.

En effet, dans l'affaire SPP c. Égypte, l'investisseur s'est prévalu de deux options différentes contenues dans l'offre d'arbitrage de la loi sur l'investissement pour porter des réclamations à la fois devant le CIRDI et la CCI. Le tribunal a justifié le forum shopping par la protection des intérêts légitimes du demandeur à voir l'affaire réglée devant le forum où il a plus de chance de succès, de comprendre les avantages et inconvénients de chaque modèle et de suivre la voie la plus appropriée. Il devient toutefois constitutif d'un abus de procédure dès qu'il produit plus d'une décision exécutoire[111]. Dès lors, une injonction anti-suit pourra être émise afin d'interdire l'exécution de la seconde décision. Ce raisonnement a été confirmé par le tribunal dans l'affaire Orascom c. Algérie :

> « de l'avis du Tribunal, l'existence de plusieurs fondements juridiques pour l'arbitrage ne signifie pas nécessairement que les différentes entités de la chaîne d'actionnariat puissent utiliser les clauses d'arbitrage existantes pour contester les mêmes mesures et obtenir réparation pour la même perte économique dans toutes les circonstances. En effet, l'objectif de l'arbitrage en vertu des traités d'investissement est d'accorder une réparation intégrale des préjudices qu'un investisseur qualifié peut avoir subis en raison de mesures illicites prises par l'État hôte. Si le préjudice subi par une entité de la chaîne est pleinement réparé dans un arbitrage, les réclamations présentées par d'autres membres de la chaîne verticale dans d'autres procédures arbitrales

[111] Idem, par. 61.

peuvent devenir irrecevables, selon les circonstances »[112].

Il a été confirmé par le comité d'annulation[113]. Ainsi, « une telle sentence est emblématique de l'aptitude des tribunaux arbitraux à mettre en œuvre le droit des investissements en tant que système et non à contempler leur saisine du point de vue isolé de l'instrument sur le fondement duquel ils sont saisis, comme si cet instrument existait dans un vide juridique total »[114].

Pour le tribunal dans l'affaire Ampal-American contre Égypte, le forum shopping n'est autorisé que pour faire obstacle à un déni de justice. Il ne peut donc être maintenu si un tribunal a retenu sa compétence. Ainsi, au cas où deux tribunaux auraient retenu la même affaire, l'un doit céder à l'autre pour *forum non conveniens*, dans le cas contraire il serait justifié de restreindre la procédure devant le deuxième for pour ce qui sera considéré comme un abus de procédure[115]. En l'affaire, le tribunal CIRDI a contraint l'investisseur à modifier, qui a acquiescé, sa demande d'indemnisation devant le tribunal ad hoc institué selon le règlement d'arbitrage de la CNUDCI pour en exclure les questions traitées devant lui.

---

[112] CIRDI, Orascom TMT Investments SARL. c. République d'Algérie (ARB/12/35), sentence du 31 Mai 2017, par. 495.

[113] CIRDI, Orascom TMT Investments SARL. c. République d'Algérie (ARB/12/35), décision sur l'annulation du 17 Septembre 2020, par. 274.

[114] https://www.shearman.com/-/media/files/perspectives/2018/12/20180901_eg_revarb_dialogue-des-ordres-juridiques.pdf.

[115] CIRDI, Ampal-American Israel Corp., EGI-Fund (08-10) Investors LLC, EGI-Series Investments LLC, BSS-EMG Investors LLC et David Fischer c. République arabe d'Égypte (ARB/12/11), décision sur la compétence du 1 février 2016.

Bien que la question de sa légitimité n'ait pas été définitivement tranchée, plusieurs tribunaux ont admis la possibilité d'user des mécanismes de forum non conveniens et d'injonction anti-suit afin de réguler le forum shopping. Cela dit, une bonne administration de la justice exige également du tribunal d'assurer l'égalité entre les parties à l'arbitrage international.

Section 2 : Sauvegarde de l'égalité des armes dans l'arbitrage d'investissement

L'égalité des armes est l'un des concepts clés de l'arbitrage international et l'un des droits procéduraux à préserver par le tribunal[116]. L'article 52 de la convention CIRDI inscrit parmi les moyens d'annulation d'une sentence, la violation d'une règle fondamentale de procédure. Dans l'affaire Mine c. Guinée, le comité d'annulation a précisé que « a clear example of such a fundamental rule is to be found in Article 18 of the UNCITRAL Model Law on International Commercial Arbitration which provides: « the parties shall be treated with equality and each party shall be given full opportunity of presenting his case »[117].

Nous verrons ainsi le rapport pertinent qu'entretient l'égalité des armes avec les *injonctions anti-suit*, notamment en cas d'ouverture, par l'État défendeur, d'une procédure pénale en intimidation de l'investisseur **(PARAGRAPHE 1)** ou lorsqu'il s'appuie sur ses tribunaux nationaux pour restreindre l'arbitrage international **(PARAGRAPHE 2).**

---

[116] ICJ, Advisory Opinion on Judgments of the Administrative Tribunal of the ILO upon Complaints made against UNESCO, 23 October 1956, par. 13.

[117] CIRDI, Millicom International Operations B.V. c. Guinée (ARB/84/4), sentence du 6 Janvier 1988, par. 5.06.

Paragraphe 1 : L'ouverture de procédures pénales nationales

En 2012, l'État du Sénégal a mis en œuvre une importante politique judiciaire de lutte contre l'enrichissement illicite. Une information pénale pour les chefs d'enrichissement illicite et de complicité d'enrichissement illicite. Elle vise d'une part, les frères M. Aboukhalil et M. Pouye, les fondateurs d'AHS SA enregistrée aux Pays-Bas et, de l'autre, M. Wade, fils de l'ancien Président de la République, qui est considéré comme étant impliqué dans la gestion de cette société comme bénéficiaire économique indirect. Aussi, est-il accusé d'avoir usé de ses fonctions de ministre des infrastructures, de l'Équipement et des Transports pour accorder des avantages indus à l'AHS SA, qui est devenue l'instrument d'une fraude réalisée à l'encontre de l'État du Sénégal. Le 22 mars 2015, la Cour de répression de l'enrichissement illicite a rendu un arrêt de condamnation pour le chef d'accusation susmentionné et ordonné « la confiscation de tous les biens des condamnés (...), notamment les actions des sociétés dont ils sont bénéficiaires ». Cette décision a été confirmée par la Cour de cassation.

Une réclamation internationale a ensuite été portée devant le CIRDI en vertu de l'accord relatif à l'encouragement et à la protection des investissements conclue entre la République du Sénégal et le Royaume des Pays-Bas. Les demanderesses ont alors cherché à obtenir une mesure provisoire pour interdire toute confiscation et/ou de saisie de leur capital afin de protéger leur droit à poursuivre l'arbitrage international. En effet, de telles mesures prises par l'État du Sénégal auraient pour but de faire pression pour obtenir un désistement d'instance et forcer un règlement à l'amiable.

Au cours de la première audience, le tribunal a demandé à la défense si elle s'engagerait à ne pas entraver la procédure d'arbitrage. De l'avis du Tribunal, « la réponse de la défenderesse aux questions du tribunal arbitral est restée ambiguë. D'une part, la défenderesse affirme qu'elle n'a pas l'intention de faire désister les demanderesses à la suite d'une éventuelle prise de contrôle, et d'autre part, elle insiste sur le fait qu'elle exécutera les décisions de ses juridictions pénales »[118]. Il ajoute « le tribunal arbitral a l'obligation aux termes de la Convention et du Règlement d'arbitrage du CIRDI d'assurer l'égalité des parties et de garantir le droit de chacune d'elles d'avoir sa cause entendue équitablement et de pouvoir obtenir une résolution effective de son litige »[119].

Cette affaire illustre une asymétrie inhérente à l'arbitrage entre investisseur et État, qui met en présence une partie dotée de la force publique, maîtresse des poursuites dans sa juridiction, et en mesure d'employer ces moyens pour faire obstacle à l'égalité des armes. Ainsi, et afin de satisfaire à la justice, le tribunal se doit-il de rétablir l'équilibre entre les parties. En effet, « in such a situation, there is a duty on the arbitral tribunal to proactively try to restore the equality of arms affected by abuse of government powers. The key concept that provides substance to fulfil the tribunal's duty to restore the equality of arms is that of inherent powers »[120]. L'obligation du tribunal de protéger la poursuite de l'arbitrage est disposée à l'article 26.2.b du règlement d'arbitrage de la CNUDCI «

---

[118] CIRDI, Menzies Middle East and Africa S.A. and Aviation Handling Services International Ltd. c. République du Sénégal (ARB/15/21), ordre de procédure n°2 du 2 Décembre 2015, par. 131.

[119] Idem, par. 132.

[120] WALDE (Thomas), « Procedural Challenges in Investment Arbitration under the Shadow of the Dual Role of the State Asymmetries and Tribunals' Duty to Ensure, Pro-actively the Equality of Arm », in Arbitration International, Vol. 26, n° 1, 2010, p. 3.

une mesure provisoire est toute mesure temporaire par laquelle, à tout moment avant le prononcé de la sentence qui tranchera définitivement le litige, le tribunal arbitral ordonne à une partie, par exemple, mais non exclusivement : (...) De prendre des mesures de nature à empêcher, ou de s'abstenir de prendre des mesures susceptibles de causer, i) un préjudice immédiat ou imminent ou ii) une atteinte au processus arbitral lui-même (…) ». Les *injonctions anti-suit* constituent ainsi des mécanismes efficaces à la disposition du tribunal.

Ce raisonnement a été confirmé dans l'affaire Biwater contre Tanzanie en ces termes :

> « Son mandat et sa responsabilité incluent de veiller à ce que les procédures se déroulent à l'avenir de manière régulière, équitable et ordonnée (notamment en émettant et en appliquant des directives procédurales à cet effet). Son mandat consiste notamment à veiller à ce que des inhibitions et des injustices potentielles ne surviennent pas ; il vise également à tenter de réduire le risque d'aggravation et d'exacerbation futures du différend, ce qui implique nécessairement des probabilités et non des certitudes »[121].

Le recours aux procédures pénales peut également avoir pour effet d'aggraver ou d'étendre le litige. Dans un tel cas, le tribunal pourrait restreindre la poursuite de telles procédures. En effet, « en droit international, il est admis que les parties doivent s'abstenir de prendre toute mesure

[121] CIRDI, Biwater Gauff (Tanzania) Limited c. République-Unie de Tanzanie (ARB/05/22), mesure provisoire du 29 septembre 2006, par. 145.

susceptible d'aggraver ou d'étendre le conflit »[122]. De manière plus appuyée, le tribunal dans l'affaire Gerald International Limited c. République de Sierra Leone s'est déclaré d'avis que :

> « Toutefois, il est également clair que les enquêtes criminelles ouvertes en représailles à l'introduction d'une affaire d'investissement, ou en vue d'intimider et de harceler des témoins potentiels d'une partie peuvent donner lieu à une situation dans laquelle des mesures provisoires sont exceptionnellement justifiées. En effet, les tribunaux d'investissement ont estimé que les poursuites pénales engagées par l'État hôte en raison de l'ouverture d'une procédure d'investissement, ou de mauvaise foi ou avec malveillance, ou dans le but d'obtenir un avantage injuste dans l'arbitrage, par exemple en obtenant des preuves ou en intimidant et en harcelant des témoins potentiels, peuvent constituer de telles situations exceptionnelles »[123].

Cela dit, les tentatives par l'État défendeur de faire obstacle à l'arbitrage international peuvent également s'étendre à obtenir de ses juridictions des injonctions restreignant la procédure devant le forum arbitral.

---

[122] CIRDI, Atlantic Triton Company Limited c. République populaire révolutionnaire de Guinée (ARB/84/1), arrêt de la Cour d'appel de Rennes du 26 octobre 1984, par. 34.

[123] CIRDI, Gerald International Limited c. République de Sierra Leone (ARB/19/31), ordonnance de procédure n° 2 du 28 juillet 2020, par. 196-197.

Paragraphe 2 : Injonctions anti-arbitrage

Dans l'affaire qui a opposé Balkan Energy Limited à la République du Ghana, les deux parties avaient conclu un contrat d'achat d'électricité (plus loin PPA) qui contenait une clause compromissoire renvoyant à l'arbitrage international ad hoc, selon le règlement d'arbitrage de la CNUDCI (1997). Lorsqu'un différend est survenu, l'investisseur étranger a introduit une demande d'arbitrage conformément à l'accord sus-indiqué pour manquement du gouvernement ghanéen à ses obligations[124] en vertu du PPA. Le Ghana a alors objecté que le PPA et la clause d'arbitrage étaient nuls faute d'une approbation par le Parlement comme l'exigeait la Constitution. Elle a ensuite demandé et obtenu une injonction interlocutoire contre l'arbitrage par la Haute Cour de Justice d'Accra. Cette injonction a eu pour lettre de restreindre « BEC from proceeding with the arbitration ; taking further steps to attach assets of the Government of ghana ; or instituting or pursuing any other arbitration proceedings or seeking any other relief in any jurisdiction outside Ghana in relation to the dispute. Both Parties submitted their views on the effect of the Ghana High Court Order on the present proceedings. The Tribunal, having considered both Parties' views, decided to postpone the First Procedural Meeting "until both the relevant facts and the Parties' positions have been more fully clarified ». L'ordonnance serait de vigueur jusqu'à ce que la haute Cour, garant de la justice constitutionnelle, statue sur la question de la validité du PPA en l'absence d'approbation parlementaire.

Cette affaire illustre la manière dont un État peut s'appuyer sur ses propres juridictions pour restreindre les

---

124 Arbitrage ad hoc CNUDCI, Balkan Energy (Ghana) Limited c. République de Ghana, décision sur les objections préliminaires à la compétence du 22 Décembre 2010, par. 16.

droits procéduraux d'un demandeur à un arbitrage d'investissement. La question qui s'est présentée au tribunal était de déterminer s'il devait faire déférence à la haute juridique pour trancher le point litigieux ou y pourvoir par sa propre analyse.

Il est admis en droit international qu'un État ne peut s'appuyer sur les dispositions de son droit interne pour se soustraire à ses obligations internationales. Un tel principe souffre d'une exception lorsque la disposition en question concerne une règle d'importance fondamentale. La constitution d'un État est ainsi considérée comme relevant de cette catégorie, surtout lorsqu'elle détermine l'autorité compétente pour engager l'État. Seulement, dans l'affaire qui nous intéresse, il conduirait à un déséquilibre entre les parties que d'offrir à l'État les moyens de déterminer de manière exclusive ce qui constitue ou non une violation de son texte suprême et donc de se soustraire à ses obligations internationales par le concours de ses propres juridictions. Il est donc indiqué, afin de préserver les droits procéduraux de la demanderesse, pour le tribunal, de ne pas accorder une suspension et de statuer lui-même sur la question de la validité constitutionnelle du PPA.

C'est justement l'avis du tribunal qui se déclare d'avis que :

> « Les tribunaux d'arbitrage sont souvent confrontés à la nécessité d'interpréter et d'appliquer les dispositions constitutionnelles pertinentes pour le règlement des différends qui leur sont soumis, tout comme ils sont normalement tenus d'interpréter et d'appliquer les traités pertinents aux différends. Il n'y a rien d'anormal à exercer une fonction judiciaire nécessaire à la bonne administration de la justice. Par conséquent, le Tribunal ne considère pas qu'en affirmant sa compétence

pour déterminer sa compétence dans cette affaire, il méconnaît ou contredit de quelque manière que ce soit la force de l'article 130 de la Constitution du Ghana. De l'avis du Tribunal, le but de cette disposition, à l'instar de clauses similaires figurant dans de nombreuses autres constitutions, est d'établir la suprématie judiciaire de la Cour suprême dans l'organisation et la répartition des pouvoirs dans le contexte interne du Ghana. Lorsqu'une affaire dépasse les frontières nationales en raison d'une convention d'arbitrage ou d'un autre engagement juridique, une telle disposition devient nuancée et pas nécessairement prédominante. Dans le cas contraire, comme l'a noté à juste titre le demandeur, tout différend impliquant un élément d'interprétation constitutionnelle, ou tout différend dans lequel une objection est soulevée quant à l'existence d'un tel élément, ce qui n'est pas difficile à faire, serait automatiquement exclu de l'arbitrage international, malgré l'existence d'un engagement clair des parties de soumettre le différend à l'arbitrage »[125].

Cette affaire permet donc de s'interroger sur la portée des injonctions émises par l'État de siège de l'arbitrage sur la compétence du tribunal arbitral. C'est toute la problématique des interactions entre « l'ordre juridique international » et « l'ordre juridique national » dans les

[125] Arbitrage ad hoc CNUDCI, Balkan Energy (Ghana) Limited c. République de Ghana, décision sur les objections préliminaires à la compétence du 22 décembre 2010, par. 143.

différends en matière d'investissement[126]. Il faut préciser que, du fait du caractère particulier de l'institution, les arbitrages CIRDI ne sont pas concernés par la problématique.

Il est un principe général que les tribunaux internationaux ont le pouvoir de statuer sur leur propre compétence[127]. « La compétence-compétence » est ainsi affirmée à l'article 41(1) de la Convention CIRDI, qui dispose que : « le Tribunal est juge de sa propre compétence »[128]. Il a été aussi plusieurs fois rappelé par la jurisprudence arbitrale. Dans l'affaire M. Meerapfel Sohne AG c. République centrafricaine, les demanderesses ont soutenu que la décision des tribunaux centrafricains confirmant le protocole d'accord conclu avec l'État défendeur et la compétence incidente du CIRDI, suffisait à établir que ledit protocole est valide et que le tribunal devrait se déclarer compétent. Il a été alors jugé que « les décisions des cours et tribunaux centrafricains sur l'existence de cet accord ne suppriment pas le devoir du Tribunal de conduire sa propre analyse sur la validité de l'Accord et de prendre une décision objective sur sa propre compétence fondée sur la Convention du CIRDI »[129]. Le principe de compétence-compétence est considéré par la

[126] Voir DAHLQUIST (Joel), The Use Of Commercial Arbitration Rules In Investment Treaty, Domestic Courts, Commercial Arbitration Institutions and Tribunal Jurisdiction, Leiden, Boston, 2021, 333 p. ; Voir aussi, GAILLARD (Emmanuel), Aspects Phlosophiques Du Droit De l'Arbitrage, Leiden, Boston, 2008, 240 p.

[127] BOUCARON-NARDETTO (Magali), Le Principe de Compétence-Compétence en Droit de l'Arbitrage, Thèse, Université de Nice-SOPHIA ANTIPOLIS, 2011, 680 p.

[128] Voir aussi art 17 du règlement d'arbitrage de la CNUDCI (2022).

[129] CIRDI, M. Meerapfel Sohne AG c. République centrafricaine (ARB/07/10), sentence du 12 mai 2012, par. 157 ; voir aussi, CIRDI, Malicorp Limited c. la République arabe d'Égypte (ARB/08/18), sentence du 7 février 2011, par. 98.

CPJI comme relevant d'un pouvoir inhérent à tout tribunal[130].

Le raisonnement qui précède a été par ailleurs confirmé en ces termes :

> « un tribunal arbitral international n'est pas un organe de l'État dans lequel il a son siège, comme le serait une juridiction du siège. La source première des pouvoirs du tribunal est la convention d'arbitrage conclue entre les parties. Il en résulte que le tribunal a l'obligation de veiller à ce que la convention d'arbitrage ne soit pas mise en échec. Dans certaines circonstances, il peut être nécessaire de refuser de se conformer à une ordonnance rendue par une juridiction du siège, dans l'accomplissement de l'obligation plus large du tribunal envers les parties. Bien entendu, cela ne veut pas dire qu'un contrat, y compris une convention d'arbitrage, a une validité indépendante de tout ordre juridique. En effet, un contrat tire sa force obligatoire de sa reconnaissance par un ou plusieurs ordres juridiques. Toutefois, un accord visant à soumettre l'arbitrage n'est pas ancré exclusivement dans l'ordre juridique du siège de l'arbitrage. De tels accords sont validés par une série de normes internationales au-delà du siège national lui-même »[131].

Il faut préciser, finalement, que le tribunal doit faire montre d'une grande diligence en la matière, afin d'éviter

[130] PCIJ, Interpretation of the Greco-Turkish Agreement Rep, advisory opinion on 28 August 1928, par. 35.

[131] EL MEHDI NAJID (Mohamed), L'Intervention Du Juge Dans La Procédure Arbitrale, thèse, Université de Bordeau, 2016, 304 p.

que l'usage du *forum non conveniens* et des *injonctions anti-suit* n'aboutisse finalement au préjudice qu'ils entendaient combattre, en violation de l'égalité entre les parties et de leur droit à un recours effectif. La CPA, dans l'affaire Patel c. Mozambique s'est inspiré du test à quatre facteurs dégagés dans l'affaire cairn[132].

[132] Arbitrage ad hoc CNUDCI, Patel Engineering Limited c. République de Mozambique, ordre de procédure n°4 du 3 Novembre 2021, par. 44.

CONCLUSION DE LA PREMIÈRE PARTIE

L'arbitrage international d'investissement constitue un système qui repose sur le principe de bonne foi. En effet, lorsqu'elles conviennent de soumettre leur différend d'investissement à l'arbitrage, les parties sont tenues de s'abstenir de tout comportement visant à le priver de son effet. Les extrémités abusives de forum shopping et d'atteinte à l'égalité des armes sont régulées par l'exercice du tribunal arbitral de son pouvoir inhérent à protéger sa compétence en restreignant toute procédure diligentée devant un for inapproprié.

La problématique n'est seulement sérieuse que lorsque la compétence du tribunal arbitral n'est pas exclusive et que le deuxième for peut valablement exercer son autorité sur le fondement d'un instrument normatif distinct qui lui donne compétence pour trancher les différends nés de son exécution. Dans une telle hypothèse, la nécessité d'une bonne administration de la justice peut militer en faveur d'une régulation des inconvénients inhérents aux procédures parallèles en termes de décisions dissonantes, de recouvrement double et de surenchère des coûts cumulés d'arbitrage. Le recours au *forum non conveniens* et aux *injonctions anti-suit* doit toutefois s'effectuer avec une grande diligence en prenant compte de toutes les circonstances pertinentes de l'espèce, afin d'éviter que leur usage n'aboutisse finalement au préjudice qu'ils entendaient combattre, en violation de l'égalité entre les parties et de leur droit à un recours effectif.

La mission des arbitres dans le cadre des différends d'investissement découvre ainsi toute sa complexité. Ces derniers sont en effet confrontés à des algèbres analytiques d'importance lorsqu'ils doivent déterminer et fixer la portée de la compétence du tribunal. Dans le silence des instruments applicables à la procédure d'arbitrage, la fonction des arbitres repose sur la mise en œuvre d'un pouvoir discrétionnaire dont le tribunal doit se réserver d'en fixer les conditions d'exercice.

DEUXIÈME PARTIE : INTERACTIONS DU FORUM NON CONVENIENS ET DES INJONCTIONS ANTI-SUIT AVEC LES DROITS SOUVERAINS DE L'ÉTAT HÔTE

« Les obligations des investisseurs sont l'intrus du droit international de l'investissement »[133]. Ainsi, a-t-on pu le définir comme ayant pour objet « la protection des opérations économiques réalisées par des personnes privées à étranger »[134]. Cette perception « relève de la normalité, considérant qu'il s'agit là d'une branche du droit qui vise la protection des investisseurs et de leurs investissements »[135]. C'est justement pour corriger ce « biais structurel »[136] que la doctrine appelle à prévenir ce qu'elle décrit comme « une spécialisation, un compartimentage ou une fragmentation croissante du droit international contemporain »[137]. Au niveau international, une telle préoccupation s'est matérialisée par l'adoption de plusieurs instruments qui traitent de l'impact des activités des multinationales sur les droits des populations des pays hôtes[138]. Pourtant, il existe

---

133 MBENGUE (Makane Moïse), « Les obligations des investisseurs », in L'Entreprise Multinationale et le Droit International, Paris, Pedone, 2017, p. 295.

134 DE NANTEUIL (Arnaud), Droit International de l'Investissement, 1ère édition, Paris, Pedone, 2014, p. 5.

135 MONEBHURRUN (Nitish), « Arbitrage international et droit international des investissements : la question des devoirs des investisseurs » in MARTIN-CHENUT (Kathia) et De QUENAUDON (René) (sous dir.), La RSE SAISIE PAR LE DROIT : perspectives interne et internationale, Paris, Pedone, 2016, p. 643.

136 KOSKENNIEMI (Martti), The Politics Of International Law, 1st edition, London, Bloomsbury, 2011, p. 336.

137 STURMA (Pavel), « Biens Publics et Droit International Des Investissements : La Nouvelle Génération d'iias Protège-t-elle mieux les Droits de l'Homme ? », Brill Open Law, Vol. 1, n° 1, 2018, p. 5-15.

138 Charte des droits et devoirs économiques des États adoptée le 16 Décembre 1974 disponible sur

une convergence entre le droit international des investissements et le droit international des droits de l'homme. En effet, le premier compte des concepts qui sont particulièrement perméables aux droits fondamentaux de l'investisseur. « Il n'est par conséquent pas vraiment surprenant de voir, dans plusieurs arbitrages de différends entre investisseurs et États hôtes, les arbitres faire référence à la jurisprudence du droit relatif aux droits humains lorsqu'ils interprètent et appliquent les protections dues aux

---

https://investmentpolicy.unctad.org/international-investment-agreements/treaty-files/2779/download; consulté le 4 mars 2024, les principes directeurs de l'OCDE à l'intention des entreprises multinationales disponible sur https://www.oecd.org/fr/daf/inv/mne/2011102-fr.pdf;consulté le 6 avril 2024, déclaration de principes tripartites sur les entreprises multinationales et la politique sociale disponible sur https://www.ilo.org/fr/publications/declarationde-principes-tripartite-sur-les-entreprises-multinationales-et-0, consulté le 8 mars 2024, le pacte mondial des NationsUnies disponible sur https://www.un.org/fr/chronique/le-pacte-mondial-des-nations-unies-proposer-des-solutionsaux-d%C3%A9fis-mondiaux, consulté le 8 mars 2024 les Principes directeurs relatifs aux entreprises et aux droits de l'homme disponible sur https://www.ohchr.org/sites/default/files/documents/publications/guidingprinciplesbusinesshr_fr.pdf, consulté le 8 mars 2024, principles for responsible contract disponible sur https://www.ohchr.org/sites/default/files/Documents/Publications/Principles_ResponsibleContracts_HR_PUB_15_1 _EN.pdf, consulté le 9 mars 2024, les Principes pour un investissement responsable dans l'agriculture et les systèmes alimentaires disponible sur https://openknowledge.fao.org/server/api/core/bitstreams/bf22db93-1793-44f0-9eb9- 7587b5afa38b/content, consulté le 12 mars 2024, déclaration et agenda 21 de Rio sur l'environnement et le développement
https://www.un.org/french/events/rio92/aconf15126vol1f.htm, consulté le 8 mars 2024, résolution sur les entreprises et les droits de l'homme en Afrique - CADHP-Res.550 (LXXIV) 2023.

investisseurs en vertu de traités d'investissement »[139]. La fragmentation se situe plutôt dans la prise en compte des droits humains des populations de l'État hôte et la responsabilité des investisseurs étrangers à leurs égards.

La problématique est pertinente de déterminer si l'arbitrage d'investissement pourrait constituer un forum approprié pour la mise en œuvre de la responsabilité des investisseurs étrangers pour violation des droits de l'homme. L'intérêt de la question réside dans la sauvegarde du droit de réglementer de l'État hôte **(Chapitre 1).**

Par ailleurs, il est acquis que les rapports entre les ordres juridiques national et arbitral sont au cœur des préoccupations du droit international des investissements. En ce sens, la règle d'exclusivité exprimée à l'article 26 de la convention CIRDI a été strictement définie comme visant l'hypothèse « des relations entre la procédure arbitrale prévue par la Convention et celle des juridictions étatiques »[140]. Dans la littérature sur le droit international public, il faut également noter un intérêt prêté à la régulation des relations entre tribunaux internationaux et juridictions nationales[141]. Quoi qu'il en soit, la doctrine du *forum non conveniens* et les *injonctions anti-suit* constituent de pertinents indicateurs qui permettent d'apprécier le degré d'intégration et/ou d'exclusion entre ces deux ordres juridiques **(Chapitre 2).**

---

[139] PETERSON (Luke Eric), Droits Humains et Traités Bilatéraux d'Investissement : Le rôle du droit relatif aux droits humains dans l'arbitrage des différends entre investisseurs et États, Droits et Démocratie, Montréal, 2009, p. 17.

[140] CIRDI, Capital Financial Holdings Luxembourg SA c. République du Cameroun (ARB/15/18), sentence du 22 juin 2017, par. 148.

[141] Voir SHANY (Yuval), Regulating Jurisdictional Relations Between National And International Courts, 1ST edition, Oxford University Press, Oxford, 2007, 216p.

CHAPITRE 1 : NORMATIVITÉ DES DROITS DE L'HOMME DANS L'ARBITRAGE D'INVESTISSEMENT

« Préoccupation du droit international contemporain » 144, les droits de l'homme imprègnent de plus en plus l'arbitrage d'investissement. Bien qu'il ait pu être assimilé à « un mécanisme de contrôle de l'exercice de l'autorité gouvernementale » 145, l'arbitrage d'investissement est fréquemment invité à apprécier le comportement de l'investisseur étranger au regard de normes pertinentes relatives aux droits de l'homme. C'est que l'État, destinataires de normes directement issues du droit international, a l'obligation d'assurer aux populations sous sa juridiction la jouissance effective d'un certain nombre de droits individuels et collectifs. Leur protection peut ainsi interférer avec l'investissement étranger et fonder une réclamation pour violation des normes substantielles d'un TBI. Il sera établi, dans un premier temps, que les tribunaux arbitraux sont souvent réfractaires aux moyens de défense fondés sur les droits de l'homme **(Section 1).** L'analyse déterminera ensuite des sources externes au traité d'investissement dont la prise en compte pourrait permettre une interprétation plus favorable à une responsabilisation de l'investisseur étranger **(Section 2**).

Section 1 : Une résistance prétorienne

La charte des droits et devoirs économiques des États reconnaît le droit, à ces sujets éponymes de droit international, de « réglementer les investissements étrangers dans les limites de sa juridiction nationale et d'exercer sur eux son autorité en conformité avec ses lois et règlements et conformément à ses priorités et objectifs nationaux »[142]. Ainsi, dans le contexte des arbitrages incluant des États africains, le droit de réglementer a été souvent invoqué afin de justifier l'adoption de mesures et politiques qui produisent un effet d'expropriation sur l'investissement étranger ou peuvent constituer une violation du traitement juste et équitable.

Dans la grande panoplie de droits dont la protection peut interférer avec l'investissement étranger, la présente section traitera du droit des peuples autochtones **(Paragraphe 1)** ainsi que du droit au développement durable **(Paragraphe 2).**

Paragraphe 1 : Droits des peuples autochtones

Le droit des peuples à disposer d'eux-mêmes est prolongé par la souveraineté permanente sur les ressources naturelles à laquelle il ne peut se séparer. En effet, « un peuple qui ne dispose pas librement de ses ressources économiques ne peut prétendre se gouverner librement de manière effective et pérenne »[143]. Si le droit à

---

[142] Article 2.2.a de la charte des droits et devoirs économiques des États adoptée le 16 Décembre 1974.

[143] LAVOREL (Sabine), « Exploitation des ressources naturelles et droit des peuples à l'autodétermination économique », in AILINCAI (Mihaela) et LAVOREL (SABINE) (sous dir.), Exploitation Des Ressources Naturelles et Protection Des Droits De l'Homme, Paris, Pedone, 2013, p. 36.

l'autodétermination appartient aux « peuples », le titulaire de la souveraineté permanente sur les ressources naturelles peut être matière à controverse. En effet, la Charte africaine des droits de l'homme et des peuples, empreinte du contexte de décolonisation, semble l'attribuer à la fois à « l'État » et « aux peuples » lorsqu'elle dispose : « les peuples ont la libre disposition de leurs richesses et de leurs ressources naturelles »[144] ; « les États parties à la présente charte s'engagent, tout individuellement que collectivement, à exercer le droit de libre disposition de leurs richesses et de leurs ressources naturelles, en vue de renforcer l'unité et la solidarité africaines »[145]. Pour résoudre la problématique, il est indiqué de distinguer entre le dominium et l'impérium, « le premier, désignant le droit de disposer d'une chose, le second, l'aptitude à régir légalement des personnes, des objets ou des faits en rapport avec un territoire ou une espace »[146]. Ainsi, au sein du principe de souveraineté permanente sur les ressources naturelles, la répartition des attributs entre peuple et État se décline comme suit : « aux premiers le droit incessible de jouir de leurs ressources et, sur cette base fondamentale, aux seconds le droit souverain de mettre en œuvre le principe conformément à leurs intérêts nationaux (par la réglementation) »[147]. Le contenu des droits reconnus aux peuples autochtones est donné à

---

[144] Article 21.1 de la Charte Africaine des droits de l'homme et des peuples disponible sur https://au.int/sites/default/files/treaties/36390-treaty-0011_-_african_charter_on_human_and_peoples_rights_f.pdf, consulté le 12 juin 2024.

[145] Idem, art 21.4.

[146] LAVOREL (Sabine), op. Cit. p. 48.

[147] ROSENBERG (Alfred), « Art 21§1 », in KAMTO (Maurice, sous dir.), La Charte africaine des droits de l'homme et des peuples et le protocole y relatif portant création de la Cour africaine des droits de l'homme - Commentaire article par article, Bruxelles, Bruylant, 2011, p. 523.

l'article 20 de la déclaration des Nations-Unies sur les droits des peuples autochtones en ces termes :

> « 1. Les peuples autochtones ont le droit aux terres, territoires et ressources qu'ils possèdent et occupent traditionnellement ou qu'ils ont utilisés ou acquis ; 2. Les peuples autochtones ont le droit de posséder, d'utiliser, de mettre en valeur et de contrôler les terres, territoires et ressources qu'ils possèdent parce qu'ils leur appartiennent ou qu'ils les occupent ou les utilisent traditionnellement, ainsi que ceux qu'ils ont acquis »[148].

L'État a ainsi l'obligation de veiller à ce que l'investissement étranger ne porte pas atteinte aux droits inaliénables des peuples autochtones. Cette originalité africaine est rappelée par la Commission africaine des droits de l'homme et des peuples dans l'affaire du peuple Ogoni :

> « Le caractère unique de la situation africaine et les qualités spéciales de la Charte africaine imposent une importante tâche à la Commission africaine. Le droit international et les droits de l'homme doivent répondre aux

---

[148] Résolution 61/295, adoptée par l'AGNU le 13 septembre 2007, disponible sur https://social.desa.un.org/sites/default/files/migrated/19/2018/11/UNDRIP_F_web.pdf, 14 juin 2024. Voir également la déclaration des droits des personnes appartenant à des minorités nationales ou ethniques, religieuses et linguistiques, résolution 47/135, adoptée par l'AGNU le 3 février 1993 disponible sur https://www.ohchr.org/sites/default/files/Documents/Issues/Minorities/Booklet_Minorities_French.pdf, consulté le 14 juin 2024. Convention de l'OIT n° 169 relative aux peuples indigènes et tribaux, adoptée par la Conférence internationale du travail en sa 76ème session en 1989 disponible sur https://www.ilo.org/fr/media/457801/download, consulté le 14 juin 2024.

> circonstances africaines. En clair, les droits collectifs, environnementaux, économiques et sociaux sont des éléments essentiels des droits de l'homme en Afrique. »[149].

La nécessité de cette mise en balance est rappelée par la CADHP elle-même, qui précise « la libre disposition des richesses et des ressources naturelles s'exerce sans préjudice de l'obligation de promouvoir une coopération internationale fondée sur le respect mutuel, l'échange équitable et les principes du droit international »[150]. Dans sa décision relative à l'affaire du peuple ogiek c. Kenya, la commission a rappelé la responsabilité des États dans la sauvegarde des droits de peuples autochtones.

L'arbitrage international démontre la tension permanente entre ces deux finalités. L'affaire Von Pezold and others c. Zimbabwe illustre la difficulté des États africains à réglementer en faveur des populations autochtones. La République du Zimbabwe a mis en place une importante politique de réforme agraire visant à corriger l'injustice des politiques coloniales de l'ère rhodésienne qui ont conduit à l'accaparement d'une forte majorité des terres arables au profit de la minorité blanche. L'ambition affichée de cette politique était donc de rétablir l'équité foncière au profit des populations autochtones noires. Deux requêtes d'arbitrage, finalement consolidées, ont alors été introduites auprès du CIRDI en vertu du TBI Allemagne-Zimbabwe de 1995 et du TBI Suisse-Zimbabwe signé en 1996 pour expropriation. Pour être légale, l'expropriation devait poursuivre un objectif public légitime, donner lieu à une compensation adéquate, être

---

149 CADHP, Social and Economic Rights Action Center et Center for Economic and Social Rights c. Nigeria, decision of 27 October 2001.

150 Article 21.3 de la charte Africaine des droits de l'homme et des peuples.

effectuée sur une base non-discriminatoire et selon une procédure régulière.

Le tribunal a d'abord considéré qu'aucun intérêt général ne justifiait la réforme. En effet, du constat du tribunal « with regard to the land that has been re-distributed, there appears to be a clear trend towards politically-motivated allocations of land. Therefore, there is no evidence that the expropriation of the Zimbabwean Properties was in the public interest or served a genuine public purpose »[151]. Il se pose la question difficile de la marge d'appréciation de l'État hôte pour définir ce qui relève de l'intérêt général. En effet, « sans nier l'idée que l'État est supposé poursuivre et réaliser l'intérêt général dans chacune de ses actions, qui plus est, dans ses relations économiques internationales, on ne peut naïvement penser qu'il s'y conforme toujours dans le fait ou encore que son argument fondé sur l'intérêt général dans le cadre d'une procédure arbitrale eût été préalablement considéré au moment de l'adoption de la mesure »[152]. Le tribunal a rejeté cette doctrine en déclarant que :

> « En ce qui concerne la « marge d'appréciation » et l'argument du défendeur selon lequel il convient de lui accorder une large marge pour déterminer ce qui est dans l'intérêt public zimbabwéen, le Tribunal estime qu'il convient de faire preuve de prudence lorsqu'il s'agit d'importer des concepts d'autres régimes juridiques (en l'occurrence le droit européen des droits de l'homme) sans une base solide pour le faire. La mise en balance de droits

[151] CIRDI, Bernhard von Pezold and others c. République de Zimbabwe (ARB/10/15), sentence du 28 juillet 2015, par. 502.

[152] FAASSEOME (Maxime Somda), La Protection Des Droits Sociaux En Droit International Des Investissements, thèse, Université Grenoble Alpes, 2022, p. 405.

> de l'homme concurrents (et non absolus) et la nécessité d'accorder aux États une marge d'appréciation lorsqu'ils prennent ces décisions de mise en balance sont bien établies en droit des droits de l'homme, mais le Tribunal n'a pas connaissance que ce concept ait trouvé beaucoup d'appui dans le droit international des investissements. Le défendeur n'a fait référence au Tribunal que dans ses arguments à des affaires européennes de droits de l'homme »[153].

La question se déplace ainsi sur le terrain de la preuve. Ainsi qu'il a été disposé dans l'affaire Nachingwea c. Congo « a tribunal must also assess whether the impugned expropriatory measure was "for" the public purpose expressed »[154]. Il a été proposé de considérer comme force probante, la pratique constante d'un État en faveur de la protection des droits des peuples autochtones[155]. Dans tous les cas, le tribunal a également retenu la discrimination au motif que la réforme était dirigée contre les personnes de couleur « blanches ». Le tribunal a également constaté l'absence de procédure régulière et d'une compensation adéquate. En fait, pour faire face aux contraintes financières de la réforme, le gouvernement a amendé la constitution qui prévoit une indemnisation pour les seules améliorations apportées aux terres, et non les terres elles-mêmes. L'accès à la justice n'est ainsi ouvert que pour les contestations relatives au montant de l'indemnisation, sans préjudice du mode de calcul. Ceci soulève une problématique pertinente quant au rapport entre l'obligation d'indemnisation et le

---

[153] Idem, p. 465.

[154] CIRDI, Nachingwea U.K. Limited, Ntaka Nickel Holdings Limited and Nachingwea Nickel Limited v. United Republic of Tanzania (ARB/20/38), Award of 14 July 2023, par. 274.

[155] FAASSEOME (Maxime Somda), op.cit. p. 407 et s.

droit de règlement en faveur de l'intérêt général. En effet, le mode de calcul de l'indemnisation peut affecter la capacité de l'État d'introduire des réformes à grande échelle. Le tribunal a par ailleurs rejeté le moyen de défense fondé sur la nécessité au motif que les trois conditions requises n'ont pas été réunies, à savoir l'existence de menace à un intérêt essentiel de l'État, le degré suffisamment grave de la menace et l'absence d'alternative pour y faire face[156].

Cette affaire démontre ainsi la difficulté pour l'arbitrage international à concilier la protection de l'investissement et les droits des peuples autochtones. En effet :

> « Le Tribunal n'est pas convaincu par l'argument du défendeur selon lequel la doctrine de la proportionnalité devrait être utilisée ici pour équilibrer les intérêts concurrents de l'État et de l'individu dans la présente affaire. Bien que la proportionnalité ait été évoquée dans certaines affaires de traités d'investissement, le contexte a généralement porté sur la question de savoir si une résiliation (par exemple d'une licence ou d'un contrat) par l'État constituait une réponse proportionnée à une violation alléguée des obligations de l'investisseur. Il s'agit là d'une application assez différente de la doctrine de la proportionnalité de celle préconisée par le défendeur dans la présente affaire, selon laquelle la proportionnalité est utilisée comme moyen de défense à ce qui serait autrement une violation du TBI (c'est-à-dire une expropriation sans

---

[156] Article 25 du projet d'articles sur la responsabilité de l'État pour fait internationalement illicite, adopté en 2001 disponible sur https://legal.un.org/ilc/texts/instruments/french/draft_articles/9_6_2001.pdf.

indemnisation). Suggérer que la phase agressive du LRP était une réponse proportionnée à la situation au Zimbabwe à l'époque et que, par conséquent, toute violation du TBI devrait être excusée serait un argument de « nécessité » (qui est examiné ci-dessous), et non de proportionnalité »[157].

Par ailleurs, bien que la procédure ait été abandonnée, les circonstances de l'affaire Foresti c. Afrique du Sud démontre également les risques juridiques auxquels sont exposés les États lorsqu'ils adoptent des réformes destinées à corriger une injustice historique et à sauvegarder les droits des peuples autochtones[158]. La réticence des tribunaux arbitraux peut également être constatée en ce qui concerne le développement durable.

Paragraphe 2 : Développement durable

La CADHP dispose en son article 22 que « les États ont le devoir, séparément ou en coopération, d'assurer l'exercice du droit au développement ». Or, il acquit que « les exigences du développement ne puissent en aucun cas justifier les atteintes aux droits fondamentaux de la personne humaine »[159]. Les êtres humains constituent ainsi le nœud et la finalité ultime d'un développement dit durable. Le principe 1 de la déclaration de RIO dispose à cet effet que « les êtres humains sont au centre des préoccupations relatives au développement durable. Ils ont

---

[157] CIRDI, Bernhard von Pezold and others c. République de Zimbabwe (ARB/10/15), sentence du 28 juillet 2015, par. 460.

[158] CIRDI, Piero Foresti and others v. Republic of South Africa (ARB(AF)/07/01), Award of 4 August 2010.

[159] BENNOUNA (Mohamed), Le Droit International Du Développement, Paris, Berger-Levrault, 1983, p.21.

droit à une vie saine et productive en harmonie avec la nature »[160]. L'agenda 2026 de l'union africaine aspire pour sa part à une « prosperous Africa based on inclusive growth and sustainable development »[161]. Les États ont donc l'obligation de réglementer en faveur du développement durable. La commission africaine des droits de l'homme et des peuples a rappelé dans l'affaire du peuple ogiek que « il incombe à l'État défendeur la responsabilité de créer des conditions favorables au développement des populations locales »[162].

Du point de vue de sa définition, le développement durable est saisi comme « (...) un développement qui répond aux besoins du présent sans compromettre la capacité des générations futures de répondre aux leurs »[163]. Les domaines couverts par cette équité intergénérationnelle sont principalement « l'économie, l'environnement et le social »[164]. Cette lecture est reprise dans le TBI Maroc-Nigéria, qui indique que « (...) that sustainable development requires the fulfillment of the economic,

---

[160] Déclaration et agenda 21 de Rio sur l'environnement et le développement disponible sur https://www.un.org/french/events/rio92/aconf15126vol1f.htm.

[161] Agenda 2063 de l'Union Africaine disponible sur https://au.int/sites/default/files/documents/36204-docagenda2063_popular_version_fr.pdf.

[162] Commission africaine des droits de l'homme et des peuples c. Kenya, Affaire du peuple Ogiek, décision du 23 juin 2022, par. 160.

[163] ONU : Rapport Brundtland de la Commission des Nations unies sur l'environnement et le développement, « Notre avenir à tous » (Our Common Future), chapitre 2, p. 40.

[164] EL IDE (Boubacar), L'INFLUENCE DU DROIT INTERNATIONAL DES DROITS DE L'HOMME SUR LE DROIT DES INVESTISSEMENTS, thèse, UNIVERSITÉ DE BOURGOGNE FRANCHE-COMTÉ, 2022, p. 296.

social and environmental pillars that are embedded within the concept (…) »[165].

La prise en compte du développement durable dans le cadre de l'arbitrage international s'est faite dans un premier temps à travers la définition de l'investissement. Dans sa décision sur la compétence du 16 juillet 2001 relative à l'affaire Salini c. Maroc, le tribunal a retenu que l'investissement suppose un apport, sur une certaine durée, avec prise de risque[166]. Tirant effet du préambule de la Convention de Washington, qui rappelle « la nécessité de la coopération internationale pour le développement économique, et le rôle joué dans ce domaine par les investissements privés internationaux », il y ajoute la contribution au développement de l'État hôte. Le « test salini » a ainsi été repris dans plusieurs sentences. Dans l'affaire Patrick Mitchell c. République démocratique du Congo, le comité ad hoc a annulé la sentence du tribunal pour excès de pouvoir et défaut de motivation. Il a en effet retenu sa compétence sur la base de l'existence d'un investissement sans prendre en compte le critère de la contribution au développement durable. D'autant que le TBI Congo/États-Unis dispose dans son préambule que « cet accord sur le traitement à accorder à ces investissements stimulera le flux de capitaux privés et le développement économique des deux Parties »[167].

Il faut toutefois ajouter que les tribunaux arbitraux ne sont pas liés par un système de précédents. C'est

---

[165] Préambule du TBI Maroc-Nigeria signé en 2016 disponible sur https://www.bilaterals.org/IMG/pdf/5409.pdf.

[166] CIRDI, Salini Costruttori SpA et Italstrade SpA c. Royaume du Maroc (ARB/00/4), décision sur la compétence du 16 juillet 2001, par. 52.

[167] TBI Congo/ États-Unis signé en 1990 disponible sur https://investmentpolicy.unctad.org/international-investmentagreements/treaty-files/820/download, consulté le 14 mai 2023.

particulièrement vrai en ce qui concerne la contribution au développement durable comme condition de l'existence d'un investissement. Delà, plusieurs tribunaux ont adopté une interprétation différente. Ainsi, dans sa décision sur la compétence du 12 juillet 2006 relative à l'affaire LESI S.P.A c. Algérie, le tribunal s'est déclaré d'avis, contre l'objection à la compétence du tribunal par l'État défendeur, que « il ne paraît en revanche pas nécessaire qu'il réponde en plus spécialement à la promotion économique du pays, une condition de toute façon difficile à établir et implicitement couverte par les trois éléments retenus »[168]. Dans l'affaire RSM Production Corporation c. République centrafricaine, le tribunal a ainsi substitué à la condition de la participation au développement durable, celle de la simple « contribution à l'économie »[169].

Il est pertinent de se demander si le critère de la contribution au développement durable de l'État hôte ne permettrait pas de constituer obstacle à des transactions spéculatives sous-tendues par un dessein de forum shopping. Il a pu en effet être soutenu que de tels investissements dépassent les limites extérieures du CIRDI[170]. Cette hypothèse pourrait toutefois comporter de lourdes conséquences pour le système de l'arbitrage d'investissement. De l'avis du tribunal, dans l'affaire African Holding c. RDC, il n'est pas indiqué d'accepter que :

---

[168] CIRDI, LESI, S.p.A. and Astaldi, S.p.A. v. People's Democratic Republic of Algeria (ARB/05/3), decision of 12 July 2006, par. 72.

[169] CIRDI, RSM Production Corporation c. République centrafricaine (ARB/07/2), décision sur la compétence et la responsabilité du 7 décembre 2010, par. 56 ; Voir aussi CIRDI, Capital Financial Holdings Luxembourg SA c. République du Cameroun (ARB/15/18), sentence du 22 juin 2017, par. 423.

[170] GARCIA-BOLIVAR (Omar), « Protected Investments and Protected Investors: The Outer Limits of ICSID's Reach », TRADE LAW & DEVELOPMENT, Vol. 2, n° 1, 2010, p. 145-168.

« Une solution consistant à décharger un État de son obligation de s'acquitter de sa dette toutes les fois qu'il y a une cession de droits, une situation qui perturberait gravement les marchés financiers internationaux sur lesquels la dette souveraine est échangée chaque jour entre différents porteurs d'obligations et autres instruments. C'est d'ailleurs, cette obligation qui explique le fait que la plupart des traités bilatéraux sur les investissements, y compris celui visé dans la présente instance, prévoient que des créances monétaires soient considérées comme un type d'investissement protégé »[171].

Le développement durable, dans le cadre de l'arbitrage d'investissement, est par ailleurs conçu comme un référentiel d'interprétation destiné à préserver la liberté normative de l'État. Sa mise en œuvre peut toutefois soulever des difficultés.

Dans l'affaire Biwater c. Zimbabwe, le tribunal a semblé effectuer un « détour interprétatif » vers des allées moins exposées du droit des investissements stricto-sensu, en évitant les grandes avenues du développement durable. Elle concerne la résiliation de contrat de concession dans le domaine de l'approvisionnement en eau dans la région de Dhar es Selam pour mauvaise performance préjudiciable aux populations locales. Le tribunal a tout d'abord reconnu l'importance du droit d'accès à l'eau à la réalisation du développement durable[172]. Il a ensuite noté que « the Amici submit that human rights and sustainable development issues are factors that condition the nature and extent of the investor's responsibilities, and the balance of rights and

[171] CIRDI, African Holding Company of America, Inc. and Société Africaine de Construction au Congo S.A.R.L c. République Démocratique du Congo (ARB/05/21), décision sur la compétence et la recevabilité du 29 Juillet 2008, par. 81.

[172] CIRDI, Biwater Gauff (Tanzania) Limited v. United Republic of Tanzania (ARB/05/22), Award of 24 July 2008, par. 379.

obligations as between the investor and the host State. They conclude that foreign corporations engaged in projects intimately related to human rights and the capacity to achieve sustainable development (such as the project here), have the highest level of responsibility to meet their duties and obligations as foreign investors, before seeking the protection of international law. This is precisely because such investments necessarily carry with them very serious risks to the population at large »[173]. Le comité des droits de l'homme, dans son observation générale n°15 relative au droit à l'eau, a d'ailleurs rappelé l'obligation de protéger qui incombe aux États de « veiller à ce que les tiers qui gèrent ou contrôlent les services (réseaux d'adduction d'eau, navires-citernes, accès à des cours d'eau et à des puits, etc.) ne compromettent pas l'accès physique, à un cout abordable et sans discrimination, à une eau salubre et de qualité acceptable, en quantité suffisante »[174]. Le tribunal a ainsi déclaré « utiles » les observations des Amicus[175]. Pourtant, dans aucune partie de sa décision, il ne considère l'argument fondé sur le droit d'accès à l'eau. Tout au plus, le Zimbabwe a été tenu responsable de violations de plusieurs dispositions du TBI, y compris par expropriation et atteinte au traitement juste et équitable. Aucune réparation n'a toutefois été accordée du fait que « none of the Republic's violations of the BIT caused the loss and damage for which BGT now claims compensation »[176].

[173] Idem, par. 380.

[174] Comité des droits économiques, sociaux et culturels, Observation générale n° 15 : Le droit à l'eau (Pacte international relatif aux droits économiques, sociaux et culturels), adoptée le 20 janvier 2003, Doc. E/C.12/2002/11 (2003).

[175] CIRDI, Biwater Gauff (Tanzania) Limited v. United Republic of Tanzania (ARB/05/22), Award of 24 July 2008, par. 392.

[176] Idem, par. 807.

Il suit de tout ce qui précède que les tribunaux arbitraux ne sont pas facilement ouverts à l'intégration de considérations relatives aux droits de l'homme dans l'arbitrage international d'investissement. Il a été noté en cela que « les arbitres ont continué d'utiliser les mêmes procédés d'interprétation des traités d'ancienne génération sur la base du précédent arbitral (…), ce qui a abouti à une argutie juridique »[177]. Pourtant, comme le rappelle la commission africaine dans la décision susindiquée, les droits de l'homme sont un élément essentiel de « l'ordre public immatériel » en Afrique. Les tribunaux arbitraux doivent donc prendre en compte cet impératif de sauvegarde des droits individuels et collectifs inscrits au panthéon des traités d'investissement de récente génération.

Ainsi, des « vecteurs d'intégration » sont à rechercher afin de prévenir l'asymétrie dans les rapports entre États et investisseurs étrangers.

---

[177] KAIROUANI (Ali), « la mise en œuvre du droit au développement dans le Protocole d'investissement de la Zone de libre-échange continentale africaine », Annuaire africain des droits de l'homme, Vol. 7, 2023, p. 296.

Section 2 : Recherche de vecteurs d'intégration

« Investment arbitration practice worldwide shows a reluctance of the tribunals to entertain such arguments in the absence of explicit provisions on foreign investor's human rights obligations »[178]. La recherche de telles dispositions explicites sur les droits humains peut s'aider de l'ensemble du droit applicable à l'arbitrage d'investissement. En la matière, deux références semblent bien indiquées. Il s'agit du droit interne de l'État hôte **(Paragraphe 1)** ainsi que de la méthode d'interprétation systémique **(Paragraphe 2**). Il s'agit de déterminer l'intérêt de leurs apports respectifs à la responsabilisation de l'investisseur en matière de droits de l'homme.

Paragraphe 1 : Clause de conformité au droit interne

Les normes juridiques pertinentes qui composent le droit interne de l'État peuvent être générales ou spécifiques à l'investissement[179]. Parmi ces dernières, les codes d'investissement sont des références pertinentes pour la présente recherche. On peut les définir, à quelques exceptions près[180], comme « un corpus normatif établi par un État, relatif à l'admission, à l'agrément, à la constitution, au traitement, au régime juridique, à la liquidation et à la

---

[178] ANH NGUYEN (Tho Thi), « Host States' Counterclaims on Human Rights in Practical Investment Arbitration », Asian Journal of Law and Policy, Vol. 2, N° 2, July 2022, p. 58.

[179] EL IDE (Boubacar), op. Cit. p. 64-76.

[180] Il existe des codes d'investissement établis au niveau communautaire, à l'instar du code d'investissement de la CEDEAO, le protocole d'investissement de la SADC ou la charte d'investissement de la CEMAC.

protection des investissements d'origine étrangère, généralement dans un but incitatif »[181].

Les codes d'investissement des États africains, en particulier, contiennent plusieurs références aux droits de l'homme, entendus au sens large. Il peut s'agir tout d'abord de simples dispositions de promotion mentionnées au niveau des objectifs du code. Ainsi, le code béninois ne reconnaît que les investissements « présentant une utilité pour le développement économique et social sans incidence particulière, néfaste sur l'environnement et la santé des populations ». Il en est de même du code togolais qui dispose que « la présente loi portant Code des investissements a pour objet de promouvoir, faciliter et protéger l'investissement durable et responsable au Togo (…) »[182]. Par ailleurs, les codes guinéen[183] et ivoirien des investissements présentent la particularité de renvoyer directement à la norme ISO 26000. Le code malgache va encore plus loin en disposant que « dans le respect des principes posés (…) sur la lutte contre le VIH/SIDA et la protection des droits des personnes vivant avec le VIH/SIDA, toute entreprise devra mettre en place un programme de sensibilisation/éducation de leurs employés, ainsi que faciliter l'accès de ces derniers au dépistage volontaire de la maladie »[184].

---

181 SALMON (Jean, sous dir.), Dictionnaire Du Droit International Public, Bruxelles, Bruylant, 2001, p. 189.

182 Loi sur l'investissement de la République de Togo de 2019 disponible sur « https://investmentpolicy.unctad.org/investment-laws/laws/364/togo-investment-code-2019, consulté le 24 juillet 2024.

183 Code des Investissements de la République de Guinée de 2015 disponible sur https://investmentpolicy.unctad.org/investment-laws/laws/176/investment-code, consulté le 24 juillet 2024.

184 Loi sur les investissements de Madagascar de 2023 disponible sur https://investmentpolicy.unctad.org/countrynavigator/127/madagascar, 18 juin 2024.

Seulement, on note par le même moment des dispositions de protection qui imposent des obligations aux investisseurs étrangers. Certains codes imposent tout d'abord à l'investisseur d'effectuer une étude d'impact environnemental et social préalablement à toute opération d'investissement[185]. L'investisseur est également tenu de respecter des dispositions d'ordre public.

Ainsi, le code burkinabé des investissements dispose que « les investissements productifs sont librement effectués au Burkina Faso sous réserve des dispositions spécifiques visant à respecter la politique économique et sociale de l'État, notamment la protection de la santé et de la salubrité publique, la protection sociale et la sauvegarde de l'environnement »[186]. Il en est de même du Code sénégalais qui exige « le respect de l'ordre public, la protection de l'environnement et des consommateurs »[187]. Le code tchadien va dans le même sens, qui exige que l'investissement se fasse en « conformité au respect de l'ordre public, la protection des consommateurs et l'environnement »[188].

---

185 Voir Le Code des Investissements de la République du Mali de 2012 disponible sur https://investmentpolicy.unctad.org/country-navigator/131/mali, 12 juin 2024. Voir aussi La Loi relative à la promotion et la facilitation des investissements du Rwanda de 2021 disponible sur https://investmentpolicy.unctad.org/country-navigator/178/rwanda, 12 juin 2024.

186 Code des investissements du Burkina Faso de 2018 disponible sur https://investmentpolicy.unctad.org/countrynavigator/34/burkina-faso, 19 JU.

187 Code des investissements du Sénégal de 2004 disponible sur https://investmentpolicy.unctad.org/countrynavigator/34/burkina-faso, 14 avril 2024.

188 Charte des Investissements du Tchad de 2008 disponible sur https://investmentpolicy.unctad.org/countrynavigator/42/chad, 16 JUIN 2024. Voir également le code des investissements des Comores de 2007 disponible sur https://investmentpolicy.unctad.org/country-navigator/47/comoros, 12 Juin 2024. Code des Investissements de la

Une fois acquise la pertinence des codes d'investissement à imposer des obligations de respect des droits humains aux investisseurs, se pose la question des moyens juridiques permettant de les prendre en compte dans l'arbitrage d'investissement. Dans ce cadre, la clause de « conformité à la législation de l'État hôte » est une piste pertinente. Il s'agira dès lors d'un « moyen d'élévation du fait illicite de l'investisseur au niveau interne en « fait internationalement illicite »[189]. Ce type de clause peut poser la problématique de la date à laquelle l'investissement est censé se conformer à la législation de l'État hôte. En effet, on a pu faire la distinction entre la licéité au moment de l'investissement et la licéité pendant sa réalisation. Toutefois, comme l'a indiqué le tribunal dans l'affaire Hamster c./ Ghana, « il s'agit de principes généraux qui existent indépendamment des dispositions spécifiques à cet effet dans le Traité »[190]. La licéité de l'investissement au cours de sa réalisation est donc une question d'interprétation qui doit être neutre et ne souffrir d'aucune prémisse. Toute prénotion devrait d'ailleurs servir la thèse de la responsabilisation en ce sens qu'on peut considérer qu'un État qui, dans le cadre de sa loi régissant les investissements, impose des obligations en matière de droits humains aux investisseurs, n'a pas l'intention d'y faire obstacle en signant un TBI qui n'impose le respect de ces obligations que pendant l'établissement. En effet, « la contestation de la légalité ne présente d'intérêt pour la protection des droits sociaux que lorsqu'elle peut englober la conduite de l'investisseur au cours de l'opération de

---

Mauritanie de 2012 disponible sur https://investmentpolicy.unctad.org/country-navigator/135/mauritania, 12 juin 2024.

[189] MBENGUE (Makane Moïse), op. Cit. p. 309.

[190] CIRDI, Gustav FW Hamester GmbH & Co KG c. République du Ghana (ARB/07/24), sentence du 18 juin 2010, par. 127.

l'investissement. L'atteinte aux droits sociaux au stade de l'admission est peu probable. Cette probabilité est en revanche très élevée lorsque l'investisseur mène son activité d'investissement »[191]. D'ailleurs, certains TBI semblent trancher la question. Le TBI Maroc-RDC indique que « On entend par « investissement » une entreprise constituée, organisée · et exploitée (...) par un investisseur conformément à la législation de la partie sur le territoire de laquelle l'investissement est effectué (…) »[192]. Il s'y ajoute le TBI Ethiopie-Qatar : « le terme entreprise désigne : a) toute personne morale constituée, organisée et exploitée en vertu de la loi applicable de l'État hôte, à but lucratif, que ce soit à titre privé ou privé appartenant à l'État ou contrôlé par l'État »[193]. Dans l'affaire Cortec c. Kenya, le tribunal a précisé qu'il s'agit d'une condition implicite qui est dégrevée d'une mention explicite dans le traité d'investissement. En effet :

> « Le texte et l'objectif du TBI et de la Convention du CIRDI ne sont pas compatibles avec l'idée de tenir les gouvernements hôtes financièrement responsables des investissements réalisés au mépris de leurs lois fondamentales protégeant des intérêts publics, tels que l'environnement. Le libellé explicite selon lequel les investissements protégés doivent être effectués « conformément aux lois

[191] FAASSEOME (Maxime Somda), op. cit. p. 473.

[192] Art 1 TBI Maroc-RDC de 2018 disponible sur https://investmentpolicy.unctad.org/international-investment-agreements/treaty-files/5809/download, consulté le 21 avril 2024.

[193] Art 1.3 TBI Ethiopie-Qatar de 2017 disponible sur https://investmentpolicy.unctad.org/international-investmentagreements/treaty-files/5982/download, 13 juin.

> du Kenya » n'est donc pas nécessaire pour garantir les objectifs et le but du TBI »[194].

Ainsi, la clause de « conformité à la législation de l'État hôte » se présente comme un moyen juridique prometteur pour une responsabilisation de l'investisseur en matière de droits humains. La question reste toutefois ouverte de savoir si sa violation a des effets sur la compétence ou la recevabilité de la demande, ou s'il doit y être tenu compte au niveau du fond ? De l'avis du tribunal, dans l'affaire United Agencies Limited SA c. République algérienne démocratique et populaire, il faut distinguer à cet effet la licéité au stade de la réalisation de l'investissement de la licéité au cours de son développement. En effet :

> « l'examen de la légalité au stade de la réalisation de l'investissement porte sur la question de savoir si les dispositions du Traité s'appliquent à l'investissement litigieux – et si le Tribunal est donc matériellement compétent pour statuer sur cet investissement ; l'examen de la légalité au stade du développement de l'investissement, quant à lui, concerne celle de savoir si une des garanties spécifiques du traité – par exemple, la garantie de transfert – peut être invoquée avec succès par un investisseur dans les circonstances du cas d'espèce »[195].

Dans la doctrine, c'est également l'avis d'Hervé Ascencio lorsqu'il écrit « un éventuel comportement illicite de l'investisseur survenu dans la phase post-investissement

---

194 CIRDI, Cortec Mining Kenya Limited, Cortec (Pty) Limited and Stirling Capital Limited v. Republic of Kenya (ARB/15/29), Award of 22 October 2018, par. 333-a.

195 CIRDI, United Agencies Limited SA c. République algérienne démocratique et populaire (ARB/20/1), sentence du 25 juillet 2022, par. 271.

ne soulève habituellement pas de question de compétence du tribunal arbitral ni de recevabilité des demandes. Il est justiciable d'un examen au fond. Un acte illicite survenu durant la phase d'exploitation de l'investissement pourra notamment être appréhendé comme contribution de l'investisseur au dommage, limitant d'autant les conséquences de la responsabilité de l'État en cas de violation du traité »[196]. Il peut être supposé toutefois que le comportement de l'investisseur puisse être pertinent pour les questions de compétence, notamment lorsque la norme sus-jacente est incorporée dans la définition même de l'investissement au titre du traité d'investissement. Il faut en effet garder à l'esprit que « l'interprétation combinée entre les traités d'investissement et la Convention CIRDI est courante pour la détermination de la compétence » 201. La définition de l'investissement dans le traité applicable peut donc lier la décision des arbitres lorsqu'ils émettent une sentence sur la compétence du tribunal arbitral pour autant qu'elle ne contrevienne pas au sens de l'article 25 de la convention de Washington.

Qu'en est-il de l'apport des sources du droit international général ?

Paragraphe 2 : La méthode d'interprétation systémique

Il a été reconnu dans l'arbitrage d'investissement que le comportement de l'investisseur est un élément pertinent dans la détermination de la responsabilité de l'État hôte. Ainsi, dans l'affaire World Duty Free Company Limited c. la République du Kenya, le tribunal s'est appuyé sur le concept d'« ordre public international » afin de déclarer

---

[196] ASCENCIO (Hervé), « La légalité de l'investissement devant l'arbitre international : à la recherche d'un point d'équilibre », Brazilian Journal of International Law, vol. 14, n° 2, 2017, p. 74-79.

irrecevable la demande d'arbitrage, au motif que l'investissement avait été réalisé par le concours de la corruption[197].

La notion d'ordre public international traduit « les valeurs et les intérêts fondamentaux de la communauté internationale dans son ensemble, sans être rattachés à un ordre juridique national en particulier »[198]. Il constitue donc un « consensus international quant aux normes universelles et aux normes de conduite acceptées qui doivent toujours appliquer ». « L'ordre public international » tire son contenu d'un ensemble varié de sources du droit international. En effet, « the identification of norms for which an international consensus exists and that constitute the content of transnational public policy nevertheless relies on a vast variety of material sources. Although some authors limit this identification to the consideration of formal sources of international law, nothing requires strict consideration of international conventions, customary international law and general principles of law when identifying the content of transnational public policy ». En ce sens, l'ordre public international pourrait constituer une source d'obligations pour l'investisseur en ce qu'il incorpore le jus cogens, qui comprend des normes impératives de droit international, dont plusieurs ont en commun la sauvegarde de la dignité humaine. Il a été soutenu à cet égard que « it is thus quite clear that arbitrators can, on their own initiative, invoke an issue of

---

[197] CIRDI, World Duty Free Company Limited c. la République du Kenya (ARB/00/07), sentence du 4 octobre 2006, par. 107.

[198] MARCOUX (Jean-Michel), « Les politiques publiques transnationales comme pratique internationale d'arbitrage en matière d'investissement » in JIDS, Vol. 10, 2019, p. 498.

blatant violation of fundamental human rights deemed to be incompatible with "transnational public policy »[199].

Seulement, bien qu'il soit concevable qu'une entreprise « puisse au moins être complice de chacun de ces crimes dans certaines circonstances en facilitant l'acquisition de machettes par un groupe de la population pour commettre un génocide », la question de la responsabilité soulève une difficulté juridique. En effet, « l'existence d'obligations internationales directes des personnes morales privées est (…) problématique. Même les crimes internationaux établis présentant un caractère de jus cogens, reconnus comme créant des obligations directes pour les personnes physiques en vertu du droit international, n'ont jusqu'à présent pas été universellement reconnus comme s'étendant aux personnes morales privées »[200].

Malgré cette difficulté, les normes de droit international des droits de l'homme protégées par le jus cogens peuvent trouver à s'appliquer dans l'arbitrage international par le biais d'une interprétation systémique du traité d'investissement. Celle-ci est prévue à l'article 31.3.c de la convention de Vienne qui dispose que « il sera tenu compte, en même temps que du contexte : (…) c) de toute règle pertinente de droit international applicable dans les

---

[199] DUPUY (Pierre-Marie), « Unification Rather than Fragmentation of International Law? The Case of International Investment Law and Human Rights Law », in DUPUY (Pierre-Marie), FRANCIONI (Francesco) and PETERSMANN (Ernst-Ulrich) (sous dir.), Human Rights In International Investment Law And Arbitration, Oxford University Press, 2009, p. 45-61.

[200] ABEL (Patrick), « Demandes reconventionnelles fondées sur les obligations internationales des investisseurs en matière de droits de l'homme dans l'arbitrage international en matière d'investissement : erreurs et potentiels de la sentence Urbaser c. Argentine du CIRDI 2016 », Brill Open Law, Vol. 1, n° 1, 2018, par. 61-90.

relations entre les parties »[201]. En effet, « les dispositions conventionnelles reçoivent toutes leur force et leur validité du droit général et créent des droits et des obligations qui existent parallèlement aux droits et obligations créées par d'autres dispositions conventionnelles et règles de droit international coutumier. Aucun de ces droits et obligations n'a intrinsèquement priorité sur les autres. On ne peut aborder la question de leurs relations que par un raisonnement qui permet de les faire passer pour des éléments d'un ensemble cohérent et efficace »[202]. C'est dans ce sens qu'on peut lire l'article 24.2 du protocole d'investissement de la ZLECAF, qui dispose que « for greater certainty, measures taken by a State Party to comply with its international obligations under other relevant treaties shall not constitute a breach of this Protocol »[203]. Ainsi, dans l'affaire Scholz Holding GmbH c. Royaume du Maroc, le tribunal arbitral, constatant l'insuffisance du recours à l'article 31 de la Convention de Vienne pour déterminer le contenu du standard de traitement juste et équitable contenu dans le tbi Allemagne/Maroc, s'est référé à la méthode d'interprétation systémique. Il s'est donc déclaré d'avis « qu'en l'absence de dispositions spéciales, la référence incluse de façon générale à l'article 2.2 du TBI à l'obligation d'accorder un traitement juste et équitable

[201] Convention de Vienne sur le droit des traités adoptée en 1969 disponible sur https://legal.un.org/ilc/texts/instruments/french/conventions/1_1_1969.pdf.

[202] « Fragmentation du droit international : difficultés découlant de la fragmentation et de la diversification du droit international » Rapport du Groupe d'étude de la Commission du droit international. A/CN.4/L.682, 2006, p. 227.

[203] Disponible sur https://edit.wti.org/document/show/e5d51824-c467-4e24-922b-3fb376d89550.

doit être interprétée par référence au standard établi en droit international pour une telle obligation »[204].

Il suit de ce qui précède que, dans l'interprétation des normes de protection que chaque État accorde aux investisseurs de l'autre partie, les tribunaux doivent partir du principe que « lorsqu'elles contractent des obligations conventionnelles, les parties n'ont pas l'intention de contrevenir aux principes généralement reconnus du droit international ni aux obligations conventionnelles contractées antérieurement envers les États tiers »[205]. Ainsi, la protection de l'investissement devrait être conciliée avec l'interdiction de la discrimination raciale au niveau international[206]. Cet exercice de pondération permettra ainsi de conserver le respect des obligations internationales de l'État. Sinon, l'arbitrage international d'investissement deviendrait un forum qui ferait le lit d'une « normativité relative du droit international »[207] des droits de l'homme. En d'autres termes, le droit international des droits de l'homme se verrait sacrifier sur l'autel du droit international des investissements.

Ce chapitre avait pour objet d'étudier la perméabilité de l'arbitrage d'investissement aux moyens de défense fondés sur les droits de l'homme. Constatant la réticence des tribunaux à cet égard, motif généralement pris de l'absence de dispositions en la matière dans les TBI, il a progressé

---

204 CIRDI, Scholz Holding GmbH c. Royaume du Maroc (ARB/19/2), sentence du 1er août 2022, par. 243.

205 Idem, p. 255-256.

206 WYTHES (Annika), « Investor–State Arbitrations: Can the 'Fair and Equitable Treatment' Clause Consider International Human Rights Obligations? », Leiden Journal of International Law, Vol. 23, n° 1, 2010, p. 251-253; Voir également Luke PETERSON (Eric) et GRAY (Kevin), International Human Rights in Bilateral Investment Treaties and in Investment Treaty Arbitration, IISD, 2003, 44p.

207 WEIL (Prosper), « Vers une normativité relative en droit international », AJIL, Vol. 77, n° 2, 1982, p. 6-47.

vers une recherche de moyens alternatifs permettant de tirer effet de l'apport d'autres sources contenues dans le droit applicable à l'arbitrage.

Par ailleurs, la doctrine du *forum non conveniens* et les *injonctions anti-suit* permettent d'ouvrir le champ à une étude sur les rapports entre ordres juridiques national et arbitral.

CHAPITRE 2 : RELATIONS ENTRE LES ORDRES ARBITRAL ET JUDICIAIRE

Les différends relatifs aux investissements constituent un carrefour où se rencontre la juridiction des tribunaux nationaux et arbitraux. L'épuisement des recours devant les premiers est d'ailleurs souvent une obligation qui conditionne la recevabilité de toute action introduite auprès des secondes. L'ouverture d'une instance peut aussi être concurrente devant ces deux ordres de juridiction, ce qui soulève la question pertinente des relations qu'ils entretiennent.

Cela dit, les rapports entre les tribunaux arbitraux et nationaux ne doivent pas seulement être abordés sous les seuls paradigmes de l'exclusivité et de la conflictualité. En effet, il peut s'avérer original de tenter d'étudier leur apport réciproque à la résolution par arbitrage des différends d'investissement. Les *injonctions anti-suit* et la doctrine du forum non conveniens constituent à cet égard de pertinents vecteurs d'analyse.

Le présent chapitre se proposera ainsi d'explorer cette problématique à travers l'étude, d'une part, d'un certain nombre de questions inhérentes à la qualité de mesure provisoire des *injonctions anti-suit* **(Section 1)** et, de l'autre, du rôle du principe de la courtoisie internationale dans l'arbitrage d'investissement **(Section 2).**

Section 1 : Les injonctions anti-suit en tant que mesures provisoires

Bien que d'un secours incontesté, tel qu'il a été exposé dans la première partie, l'usage des *injonctions anti-suit* soulève des difficultés dans l'arbitrage d'investissement.

La première est relative à leur force exécutoire et aux moyens dont dispose le tribunal pour sanctionner leur non-respect par les parties. Il est soutenu que ce dernier peut s'inspirer des tribunaux nationaux lorsqu'il doit sanctionner le respect de ses ordonnances **(Paragraphe 1)**. La seconde permet, en outre, de s'interroger sur la portée de la compétence exclusive du tribunal, notamment sur le droit des parties à demander des mesures provisoires aux tribunaux nationaux au cours de l'instance arbitrale **(Paragraphe 2).** Ces deux questions feront l'objet de cette section.

Paragraphe 1 : La portée contraignante des injonctions anti-suit

En leur forme de mesures provisoires, la normativité des *injonctions anti-suit* appelle un questionnement majeur ayant trait à leur portée contraignante pour la partie à laquelle elles s'adressent. Dans le cadre de la convention CIRDI en effet, le verbe « recommander » renvoie, selon le « sens ordinaire »[208] qui peut lui être attribué, à une « suggestion », « une préconisation », au demeurant, « dépourvue de force obligatoire »[209]. Il ressort ensuite des

[208] Au terme de l'article 31 de la convention de Vienne « un traité doit être interprété de bonne foi suivant le sens ordinaire à attribuer aux termes du traité dans leur contexte et à la lumière de son objet et de son but ».

[209] GUINCHARD (Serge) et DEBAR (Thierry), op. cit. p. 903.

travaux préparatoires que « the word “prescribe”, which was ultimately replaced by the term "recommend" in order "to indicate that there was no direct sanction for not following the recommendation of the tribunal »[210]. Ces attendus peuvent être transposés en termes d'incertitude du régime relatif à l'exécution des mesures provisoires, qui « remains very much unsettled »[211].

Les instruments normatifs relatifs à l'arbitrage se limitent à prêter une valeur contraignante aux seules « sentences ». La convention CIRDI, pas davantage que le règlement d'arbitrage de la CNUDCI, ne définit la notion de « sentence ». La convention de New York semble en donner une définition indirecte en disposant que sont considérées comme sentences arbitrales, celles « rendues par des arbitres nommés pour des cas déterminés, mais également celles qui sont rendues par des organes d'arbitrage permanents auxquels les parties se sont soumises »[212]. En vérité, il s'agit plus d'une délimitation du champ matériel d'application de la convention que d'une définition stricto sensu de la notion de « sentence ».

Selon le lexique des termes juridiques, elle désigne l'acte « d'un arbitre qui tranche de manière définitive, en tout ou partie, le litige qui lui a été soumis, que ce soit sur le fond, sur la compétence ou sur un moyen de procédure qui le conduit à mettre fin à l'instance »[213]. Elle se distingue donc

---

[210] KAUFMANN-KOHLER (Gabrielle) et ANTONIETTI (Aurélia), « Interim Relief in International Investment Agreements », in ARBITRATION UNDER INTERNATIONAL INVESTMENT AGREEMENTS : A Guide to the Key Issues, Oxford University Press, Oxford, 2010. p. 545.

[211] MOUAWAD (Caline) et SILBERT (Elisabeth), « A Guide to Interim Measures in Investor-State Arbitration », International Arbitration, Vol. 3, n° 29, 2013, p. 419.

[212] Article 1.2 de la Convention de New-York pour la reconnaissance et l'exécution des sentences arbitrales étrangères de 1958.

[213] GUINCHARD (Serge) et DEBAR (Thierry), op. Cit. p. 1000.

forcément d'une mesure provisoire qui n'est frappée de cette épithète que de son vis-à-vis. Celle-ci a pour but « de préserver l'efficacité d'un éventuel jugement définitif à venir ou d'organiser l'attente jusqu'à cette date »[214]. Des tentatives ont été effectuées dans la doctrine pour déterminer les caractéristiques d'une sentence[215]. Sans s'y attarder, il est toutefois possible de supposer que l'instrumentum d'une mesure provisoire pourrait apporter le plus grand intérêt à son exécution. En effet, qu'en est-il lorsque la mesure provisoire est contenue dans une sentence partielle tranchant une partie des questions en litige ?

Quoi qu'il en soit, la force impérative d'une mesure provisoire ne semble pas sujette à controverses. En effet, et en se référant à la jurisprudence de la CIJ, il est possible d'en déduire que les mesures provisoires sont contraignantes pour la partie à laquelle elles s'adressent et peuvent, de surcroit, engager la responsabilité internationale de l'État. Dans l'affaire LAGrand, il est en effet indiqué en ce qui concerne les mesures provisoires demandées par l'Allemagne que :

> « considérant que la responsabilité internationale d'un État est engagée par l'action des organes et autorités compétents agissant dans cet État, quels qu'ils soient ; (...) que, selon les informations dont dispose la Cour, la mise en œuvre des mesures indiquées dans la présente ordonnance relève de la compétence du gouverneur de l'État de l'Arizona ; que le Gouvernement des États-Unis est par la suite dans l'obligation de transmettre la présente ordonnance audit gouverneur ; et que le gouverneur de l'Arizona est dans l'obligation

---

214 Idem, p. 701.

215 MOUAWAD (Caline) et SILBERT (Elisabeth), op. Cit. par. 417-423.

d'agir conformément aux engagements internationaux des États-Unis »[216].

Dans une ordonnance plus récente rendue en décembre 2023, la cour rappelle de manière plus exposée que « ses ordonnances indiquant des mesures conservatoires au titre de l'article 41 du Statut ont un caractère obligatoire et créent donc des obligations juridiques internationales pour toute partie à laquelle ces mesures sont adressées »[217].

La difficulté réside donc sur le terrain des moyens dont dispose le tribunal arbitral à l'effet de contraindre à l'exécution, au-delà de la seule valeur contraignante. À cette fin, il peut être utile à l'analyse de remarquer que dans le cadre des systèmes juridiques nationaux « tout juge peut, même d'office, ordonner une astreinte pour assurer l'exécution de sa décision »[218]. La question de déterminer si les mesures provisoires délivrées par les tribunaux nationaux bénéficient de l'avantage d'une plus grande applicabilité appelle une problématique préalable qui sera analysée dans la section suivante. Il s'agit ici d'étudier si les tribunaux arbitraux peuvent s'inspirer des juridictions nationales pour imposer, selon les moyens à leur disposition, le respect d'une injonction anti-suit. La doctrine a ainsi proposé l'octroi dans la décision finale de compensation à l'autre partie[219]. Bien que présentant un certain intérêt, elle ne résorbe toutefois pas toutes les difficultés. En effet, quel serait le fondement d'une telle

---

[216] CIJ, Affaire LAGRAND (ALLEMAGNE c. ÉTATS-UNIS D'AMÉRIQUE), Ordonnance du 3 Mars 1999, par. 28.

[217] CIJ, Sentence arbitrale du 3 OCTOBRE 1899 (GUYANA c. VENEZUELA), ordonnance du 1èr décembre 2023, par. 44.

[218] GUINCHARD (Serge) et DEBAR (Thierry), op. cit. p. 99.

[219] LUTTRELL (Sam), « ICSID provisional measures 'in the round', Arbitration International », Vol. 3, n° 31, 2015, p. 396.

décision ? La sentence rendue dans l'affaire Mine c. République de Guinée[220] laisse supposer qu'il s'agira de compenser les frais et dépens résultant de la poursuite des procédures restreintes. La question demeure entière dès lors que l'intimé n'a pas déféré à une telle procédure et n'a supporté aucune charge financière supplémentaire, de surcroit lorsque le demandeur a été débouté de sa requête. Sauf erreur, il ne semble en effet pas admis qu'une sanction pécuniaire puisse être imposée pour « outrage au tribunal ». Ce qui pourrait être contraire à l'interdiction d'imposer des dommages et intérêts punitifs.

L'étude des *injonctions anti-suit* permet, par ailleurs, de s'interroger sur la portée de la compétence exclusive du tribunal arbitral.

Paragraphe 2 : Des compétences concurrentes

Les rapports entre le *forum non conveniens* et les *injonctions anti-suit* sont d'autant intimes qu'il s'agit de déterminer le ou les for (s) approprié (s) pour émettre ces types particuliers de mesures provisoires. Il s'agit en effet de trancher si, en présence d'une convention d'arbitrage valide, les parties sont autorisées à obtenir auprès des tribunaux nationaux des mesures équivalentes aux *injonctions anti-suit* restreignant les procédures devant un for inapproprié. C'est donc toute la question de la portée de l'exclusivité de la compétence du tribunal arbitral. Il convient ainsi de placer la problématique dans la capacité des tribunaux nationaux à émettre des mesures provisoires en rapport avec un différend d'investissement justiciable de l'arbitrage international.

La première difficulté consiste ici à déterminer dans quelles conditions un tribunal national est en droit de se

---

220 CIRDI, Maritime International Nominees Establishment c. République de Guinée (ARB/84/4), sentence du 6 janvier 1988, par. 76.

réserver la compétence matérielle d'émettre une injonction à l'encontre d'un État souverain. En d'autres termes, à partir de quel moment un État partie à un arbitrage international est censé avoir renoncé à son immunité souveraine ? C'est toute la complexité de l'affaire Mine c. Guinée. En effet, le tribunal de district est d'abord du postulat que « with respect to implicit waivers, the courts have found such waivers in cases where a foreign state has agreed to arbitration in another country or where a foreign state has agreed that the law of a particular country should govern a contract »[221]. Il a ensuite jugé qu'en acceptant de se soumettre à un arbitrage CIRDI, dont le siège se trouve à Washington, la Guinée a implicitement renoncé à invoquer l'immunité souveraine devant les tribunaux américains. Ainsi, droit fut donné à la demande de Mine d'obtenir une injonction contraignant à l'arbitrage. Cette ordonnance s'est toutefois attiré l'annulation devant la Cour d'appel de district. Il a en effet retenu que le CIRDI bénéficie d'une « full international legal personality »[222] et que, par conséquent, « this particular ICSID agreement was not an agreement "to arbitration in another country" that waives sovereign immunity »[223]. La Cour a surtout fondé sa décision sur une interprétation restrictive de l'article 26 de la convention CIRDI, qui ne reconnaitrait aucun rôle aux tribunaux nationaux.

Cela permet ainsi d'aborder la seconde difficulté qui a trait à la portée de la compétence exclusive du tribunal arbitral sous le régime de la convention de Washington. Qu'un tribunal national doive toujours se déclarer

221 CIRDI, Maritime International Nominees Establishment c. République de Guinée (ARB/84/4), décision de la Cour d'appel des États-Unis, District de Columbia, arrêt du 12 novembre 1982, par. 35.
222 Idem, par. 35.
223 Idem, par. 39..

incompétent en présence d'une convention d'arbitrage valide est une règle constante que l'on retrouve même dans la plupart des lois régissant des arbitrages non-cirdi. Ainsi, l'acte uniforme relatif au droit de l'arbitrage de l'OHADA, qui encadre tout type d'arbitrage effectué dans les états africains parties, dispose que « lorsqu'un différend faisant l'objet d'une procédure arbitrale en vertu d'une convention d'arbitrage est porté devant une juridiction étatique, celle-ci doit (...) se déclarer incompétente »[224]. En ce qui concerne l'article 26 sus-indiqué, il s'agit de savoir si l'exclusivité concerne uniquement le différend au fond ou si elle implique également les mesures provisoires. Le constat fait dans d'autres règlements d'arbitrage est une distinction entre, d'une part, la décision au fond qui relève du tribunal arbitral et, de l'autre, l'octroi de mesures provisoires qui relèvent de la compétence partagée. Ainsi, le règlement d'arbitrage de la CNUDCI (2021) dispose dans des termes non-équivoque « une demande de mesures provisoires adressée par une partie à une autorité judiciaire ne peut être considérée comme incompatible avec la convention d'arbitrage, ni comme une renonciation à cette convention »[225]. D'ailleurs, dans des termes concordants, le règlement du mécanisme supplémentaire du CIRDI dispose que « les parties peuvent demander à toute autorité judiciaire compétente d'ordonner l'adoption de mesures provisoires ou conservatoires. Cette démarche n'est considérée ni comme une violation de l'accord d'arbitrage ni comme une atteinte aux pouvoirs du Tribunal »[226]. Ces deux

---

[224] Art 13 de l'acte uniforme relatif au droit de l'arbitrage de l'OHADA.

[225] Article 26-9 du règlement d'arbitrage de la CNUDCI (2021).

[226] Art 57-7 du règlement d'arbitrage du mécanisme supplémentaire du CIRDI disponible sur

instruments renseignent non seulement sur la compétence matérielle des tribunaux nationaux à émettre des mesures provisoires. Il ne semble par ailleurs instituer aucune discrimination temporelle selon que le tribunal arbitral est déjà ou non constitué. C'est une différence majeure avec le l'acte uniforme de l'OHADA relatif au droit de l'arbitrage qui dispose dans le dernier alinéa de son article 13 : « l'existence d'une convention d'arbitrage ne fait pas obstacle à ce qu'à la demande d'une partie, une juridiction étatique, en cas d'urgence reconnue et motivée, ordonne des mesures provisoires ou conservatoires dès lors que ces mesures n'impliquent pas un examen du différend au fond pour lequel seul le tribunal arbitral est compétent ». Le critère de l'urgence et la nécessité de motiver la décision démontrent que les mesures provisoires peuvent bien interférer avec la compétence du tribunal et exigent la plus grande discrétion de la part des tribunaux nationaux. On peut encore tirer de « l'urgence » que cette faculté aurait plus droit à s'exercer avant la constitution du tribunal arbitral, lorsque les circonstances pressent d'agir. Pour en revenir à la convention CIRDI, il faut préciser que la problématique avait été tranchée de manière libérale par le tribunal arbitral dans l'affaire Atlantic Triton Company Limited c. République populaire révolutionnaire de Guinée. Dans sa sentence du 14 avril 1986, il se déclare d'avis que :

> « S'il résulte certainement de ces textes que le tribunal arbitral a compétence pour recommander des mesures conservatoires, il n'en résulte pas aussi évidemment qu'une telle compétence est exclusive et interdis tout recours devant les juridictions étatiques,

---

https://icsid.worldbank.org/sites/default/files/documents/AF_Arbitrage_FRE.pdf, 2 décembre 2023.

> traditionnellement et quasi universellement reconnues comme ayant, seules, compétence pour ordonner de telles mesures. La complexité même de la question posée interdit qu'il puisse être fait reproche à une partie signataire d'une clause compromissoire C.I.R.D.I. d'avoir opté pour une interprétation conforme à une solution très généralement retenue dans les arbitrages internationaux et par les ordres juridiques étatiques eux-mêmes »[227].

Une telle solution ne semble toutefois pas en accord avec le caractère particulier de l'institution du Cirdi et la dignité d'instrument international de la convention qui le régit. Il faut donc convenir que les différends d'investissement soumis à la juridiction du CIRDI n'ont pas de siège, que les tribunaux arbitraux dans ce cadre disposent en conséquence d'une compétence exclusive tant pour rendre une décision au fond, que pour accorder des mesures provisoires Ces dernières doivent être distinguées des saisies conservatoires et des sûretés judiciaires. Cette règle aurait droit à s'appliquer toutefois les fois que les parties n'en ont pas expressément écarté la teneur. En conséquence, avant ou après la constitution du tribunal arbitral, « parties to ICSID Convention arbitration proceedings may only request judicial or other authorities to order provisional measures if the agreement recording their consent to arbitration so stipulates ».

Cette section a ainsi mis en exergue les rapports entre les tribunaux arbitraux et nationaux à travers un certain nombre de problématiques pertinentes inhérentes à la

[227] CIRDI, Atlantic Triton Company Limited c. République populaire révolutionnaire de Guinée (ARB/84/1), sentence du 14 avril 1986, par. 2.5.

qualité de mesure provisoire des *injonctions anti-suit*. Il a en effet permis de conclure que les derniers, qui ne peuvent exécuter que des décisions prenant forme de sentence, pouvaient toutefois inspirer les premiers dans l'imposition des *injonctions anti-suit*. Mais également que leur compétence en matière d'octroi de ces mesures provisoires peut, dans certaines situations, être concurrente.

La section suivante prolongera l'analyse sous les lumières du principe directeur de la courtoisie internationale.

Section 2 : Le principe de courtoisie dans l'arbitrage d'investissement

L'intégrité de tout système repose sur une interaction stable et harmonieuse entre les différents segments qui le constitue. Introduire le concept de « système » dans une étude consacrée aux interactions entre tribunaux arbitraux et juridictions nationales a ainsi le mérite d'informer sur les influences variées qu'ils peuvent exercer les uns sur les autres. La « courtoisie internationale » apparait dès lors comme un principe régulateur qui permet de moduler les tensions entre ces deux sphères.

Cette section analysera sa place dans l'arbitrage d'investissement par les égards que les arbitres peuvent y porter lorsqu'ils se déclarent forum non conveniens **(paragraphe 1)** ou statuent sur une demande d'injonctions anti-suit **(paragraphe 2).**

Paragraphe 1 : Le Forum Non Conveniens au profit des tribunaux nationaux

Dans sa décision sur les exceptions préliminaires à la compétence du 27 novembre 1985 relative à l'affaire Southern Pacific Properties (Middle East) Limited c. République arabe d'Égypte, le tribunal arbitral s'était déclaré d'avis que : « lorsque la compétence de deux tribunaux indépendants et sans liens entre eux s'étend au même différend, aucune règle de droit international n'empêche l'un ou l'autre tribunal d'exercer sa compétence. Toutefois, dans l'intérêt de l'ordre judiciaire international, l'un ou l'autre des tribunaux peut, à sa discrétion et par courtoisie, décider de surseoir à l'exercice de sa compétence en attendant la décision de l'autre tribunal »[228]. Ainsi, se trouve exposée la proposition suivant laquelle le *Forum Non Conveniens* peut être motivé par des considérations de courtoisie.

Bien que procédant, dans son esprit, d'un bon dessein de régulation des conflits onéreux de compétence, elle ne laisse pas néanmoins d'attirer sur elle un certain nombre de réserves. Déjà, entre tribunaux arbitraux internationaux, le *Forum Non Conveniens* pour des raisons de courtoisie se heurte à la question de l'instrument normatif applicable à ces procédures. En effet, chaque traité doit recevoir une interprétation autonome en application des règles de la convention de Vienne, ce qui peut conduire à des divergences et incohérences juridiques. Comme le rappelle le tribunal dans l'affaire Beijing Everyway Traffic and Lightning Co ltd c. République du Ghana, « il est également important de garder à l'esprit que chaque traité bilatéral d'investissement est conclu entre différents États contractants et a un contexte, un objet et un but distincts. Même lorsque les termes utilisés dans un traité bilatéral d'investissement sont similaires à ceux utilisés dans un autre traité bilatéral d'investissement, ils sont rarement identiques. Même de petites différences dans le texte, le contexte, l'objet et le but peuvent éventuellement entraîner des résultats différents dans l'interprétation »[229].

Il faut rappeler qu'au terme de la convention de Vienne, le « contexte » d'un traité comprend « en plus du texte, y compris son préambule et ses annexes : a. tout accord relatif au traité qui a été conclu entre toutes les parties en lien avec la conclusion du traité ; b. tout instrument qui a été élaboré

---

[228] CIRDI, Southern Pacific Properties (Middle East) Limited c. République arabe d'Égypte (ARB/84/3), décision sur les exceptions préliminaires à la compétence du 27 novembre 1985, par. 84.

[229] Arbitrage ad hoc CNUDI, Beijing Everyway Traffic and Lighting Co Ltd c. République du Ghana, sentence définitive sur la compétence du 30 janvier 2023, par. 150.

par une ou plusieurs parties en lien avec la conclusion du traité et accepté par les autres parties comme un instrument relatif au traité »[230]. Le tribunal arbitral qui accepte quand même de se dessaisir dans ces conditions doit encore acquérir la conviction que sa décision ne cause pas un préjudice à l'une des parties et à son droit de faire valoir ses réclamations. Soit que le forum au profit de qui le dessaisissement s'est effectué se déclare finalement incompétent, soit qu'il ne puisse connaitre des chefs pertinents de demande. En effet, « arbitration, being an agreement between the two parties, limits the Arbitral Tribunal to the dispute that the parties have agreed to submit thereto »[231]. C'est qu'il doit veiller à ce que toutes les réclamations dont il est saisi puissent être tranchées par l'autre for, au risque de conduire à un déni de justice.

Dans les relations entre un tribunal arbitral et une juridiction nationale, la même réserve semble de droit. En effet, la qualification d'un comportement de l'État comme légal en droit interne, ne le décharge pas pour autant de ses obligations en vertu du droit international[232]. De surcroit, les décisions des tribunaux nationaux peuvent conduire à la mise en jeu de la responsabilité internationale de l'État hôte[233]. En dépit de ces considérations, le *Forum Non Conveniens* au profit des tribunaux nationaux peut être justifié dans certains cas.

Tout d'abord, il est coutume que les traités d'investissement offrent à l'investisseur de soumettre tout différend relatif aux obligations de l'État en vertu de leurs

---

[230] Article 31 de la convention de vienne sur le droit des traités conclus entre États de 1969.

[231] CRCICA, Mohamed Abdulmohsen Al-Kharafi & Sons Co. c. État de Libye et autres, sentence finale du 22 mars 2013, par. 49-c.

[232] Article 3 du projet d'articles sur la responsabilité de l'État pour fait internationalement illicite, adopté en 2001.

[233] Idem, article 4.

dispositions, à la compétence des tribunaux nationaux[234]. Il s'agit de clauses de choix définitif. Ainsi, les juridictions de l'État hôte peuvent être invitées à statuer sur le même fondement normatif qu'un tribunal arbitral, ce qui affaiblit le moyen tiré de la différence d'instrument et de droit applicables. Aussi, il est possible de supposer qu'un tribunal arbitral saisi d'un différend d'investissement sans la satisfaction préalable de l'obligation d'épuiser les recours internes puisse se déclarer *forum non conveniens* et renvoyer les parties devant les tribunaux nationaux. Seulement, dans le cadre de la convention Cirdi, il est nécessaire que cette obligation soit expressément prévue dans le tbi. De-là, « si un État peut imposer une telle exigence et s'il est nécessaire de le préciser dans la convention, c'est bien que la condition soit écartée en principe »[235]. Il s'agit toutefois moins d'une question de compétence que de recevabilité[236]. Dans ce cas, la compétence ratione materiae, ratione personae, et ratione voluntas peuvent être établies, à cette réserve qu'une des conditions préalables à l'action n'a pas reçu satisfaction. Le tribunal arbitral ne se dessaisit donc pas du différend au profit définitif des tribunaux nationaux, mais se réserve le droit de se déclarer compétent et de trancher au fond, une

---

[234] Les exemples sont légions : article 1 TBI Maroc-RDC (2018) ; article 8 TBI Zambie-Maurice (2015) ; article 8 TBI Sénégal-Maurice (2002) sauf « un différend portant sur le montant d'une indemnisation résultant d'une expropriation, d'une nationalisation, ou de toute autre mesure ayant un effet équivalent » ; article 10 TBI RwandaDjibouti (2017) ; article 21 TBI Rwanda- Centrafrique (2019) ; article 10 TBI Maurice-Madagascar (2004) ; article 9 TBI Maroc-Guinée (2002) ; article 10 TBI Ghana-Botswana (2003) ; article 8 TBI Ethiopie-Egypte (2006) ; article 8 TBI Cap-Vert/Maurice (2017).

[235] DE NANTEAU (Arnaud), op.cit. p.237.

[236] Voir FONRANELLI (Filippo), JURISDICTION AND ADMISSIBILITY IN INVESTMENT ARBITRATION, The Practice and the Theory, Leiden, Boston, 2018, 193 p.

fois qu'il sera pourvu à l'étape omise. C'est le lieu de rappeler une très ancienne décision de la CPJI, dans laquelle la juridiction internationale déclarait déjà qu'il ne suffisait pas « de savoir si la nature et l'objet du différend soumis à la Cour sont tels que la Cour en tire compétence pour en connaître, mais encore si les conditions dont dépend l'exercice de cette compétence sont toutes remplies dans la présente affaire »[237].

L'hypothèse la plus achevée dans le laquelle le *forum non conveniens* peut s'exercer au profit d'une juridiction nationale est celle dans laquelle le tribunal arbitral en applique une forme incontestée en se dessaisissant non de l'ensemble du différend, mais d'une question particulière. C'est généralement le cas, en ce qui concerne la validité de la convention d'arbitrage. Bien que la compétence du tribunal de statuer sur cette question soit reconnue par tous les règlements d'arbitrage, il a été jugé qu'une telle décision n'était pas en contradiction avec la convention d'arbitrage et même pourrait lui valoir son fondement. C'est l'avis du tribunal dans l'affaire Southern Pacific Properties (Middle East) Limited c. République arabe d'Égypte lorsqu'il statue que « la loi et les tribunaux du pays où siège un tribunal sont généralement reconnus comme étant compétents pour se prononcer sur la validité et la portée ratione personae d'une clause d'arbitrage. En établissant que l'arbitrage devait avoir lieu à Paris, les parties qui ont conclu ou approuvé l'accord de décembre se sont soumises de leur propre chef au droit et aux tribunaux français pour déterminer la validité et la portée ratione personae de la clause d'arbitrage (...) »[238]. Il s'agit en effet d'un domaine dans lequel la

[237] CPJI, Concessions Mavrommatis en Palestine (Grèce c. Royaume-Uni), par. 15.

[238] CIRDI, Southern Pacific Properties (Middle East) Limited c. République arabe d'Égypte (ARB/84/3), décision sur les exceptions préliminaires à la compétence du 27 novembre 1985, par. 85.

compétence des tribunaux arbitraux et nationaux peut être concurrente. Seulement, une telle initiative ne semble pas conforme avec le mandat du tribunal. Il n'est en effet pas exclu que l'État puisse invoquer indument son droit interne pour invalider la convention d'arbitrage. Or, il est une règle constante à laquelle doit se suspendre le tribunal arbitral qui veut que toutes les parties soient mises sur un même pied d'égalité[239]. Cette réserve n'enlève cependant aucun mérite au raisonnement du tribunal dans l'affaire qui nous retient. En effet, le dessaisissement s'est effectué au profit des tribunaux français et non égyptiens. Il s'agit donc d'un précédent qui confirme ainsi la capacité du *Forum Non Conveniens* à servir de canal de dialogue entre tribunaux arbitraux et nationaux, loin des situations d'exclusivité conflictuelle.

Cela dit, la place de la courtoisie internationale dans l'arbitrage d'investissement peut être appréciée à travers l'entrée des *injonctions anti-suit*.

Paragraphe 2 : Restrictions des procédures nationales

L'affaire Balkan Energy c. Ghana apporte une nouvelle dimension à la réflexion sur les rapports que peuvent entretenir les injonctions anti-suit avec le principe de courtoisie. Le tribunal s'est en effet déclaré refuser d'octroyer une injonction anti-poursuite à l'encontre du défendeur au motif pris qu'il accorde « the greatest respect

---

239 Article 3 du règlement d'arbitrage du CIRDI ; article 17 règlement d'arbitrage du CNUDCI. Aussi, l'acte uniforme relatif au droit de l'arbitrage de l'OHADA dispose en son article 2 que « les États, les autres collectivités publiques territoriales, les établissements publics et toute autre personne morale de droit public peuvent également être parties à un arbitrage (...) sans pouvoir invoquer leur propre droit pour contester l'arbitrabilité d'un différend, leur capacité à compromettre ou la validité de la convention d'arbitrage ».

to the decisions of the Ghanaian courts and to the legal system of Ghana as a whole »[240]. Il doit donc concilier l'octroi d'une injonction anti-suit exigeant de l'État qu'il se retire ou s'abstienne d'engager des procédures devant ses tribunaux, et le principe de non-ingérence dans les affaires judiciaires, qui relève de prérogatives souveraines.

Un constat semble militer en ce sens. En effet, l'article 47 de la convention cirdi autorise le tribunal, lorsque les circonstances l'exigent, de « recommander » des mesures provisoires. « L'humilité » du verbe « recommander » pourrait être interprétée comme démontrant que les rédacteurs de la convention étaient sensibles aux questions de courtoisie.

L'importation dans le droit international des investissements, en particulier l'arbitrage investisseur-État, de concepts fussent-ils tirés du droit international public doit toutefois être empreinte d'une certaine diligence. Il semble en effet que le principe de la courtoisie internationale soit un appui à l'égalité souveraine des États. Elle justifie ainsi qu'un tribunal national se réserve la plus grande prudence lorsqu'il s'agit d'interférer avec les procédures d'un tribunal étranger situé dans la juridiction d'un autre État souverain. La courtoisie internationale est ainsi définie par le lexique des termes juridiques comme des « usages sans caractère d'obligation suivis dans les rapports internationaux pour de simples raisons d'égards mutuels »[241]. Dans son cours à l'académie de droit international, le professeur Antonio Truyol y Serra le décrit comme une « règle sociale sur le plan international », c'est-à-dire, « un ensemble de pratiques et préceptes de bonne

---

240 Arbitrage ad hoc CNUDCI, Balkan Energy (Ghana) Limited c. République du Ghana, sentence provisoire du 22 décembre 2010, par. 183.

241 GUINCHARD (Serge) et DEBAR (Thierry), Lexique Des Termes Juridiques, 24ème édition, Dalloz, Paris, 2018, p. 320.

volonté, d'amitié, de considération réciproque observés dans les rapports mutuels entre États, mais sans la conviction d'assumer, en s'y conformant, une obligation juridique quelconque ». Elles ont donc pour finalité de « faciliter les contacts des États entre eux, créant un climat de convenance utile aux uns et aux autres »[242]. Il s'agit ainsi d'un principe de régulation des rapports interétatiques, ce qui explique la référence qui y est souvent faite dans la jurisprudence de tribunaux internationaux, tels la CIJ[243] ou le TIDM[244].

Cela dit, il faut préciser que l'arbitrage investisseur-État repose sur une logique discordante. En effet, comme il a été vu dans les chapitres précédents, ce système repose sur le consentement non équivoque de l'État hôte à se soumettre à l'arbitrage international, passant du statut de tiers souverain à celui de partie soumise à l'autorité du tribunal, du moins en ce qui a trait à l'immunité de juridiction[245]. Sans plus-value, « la souveraineté de l'État signifie en droit international que rien ne saurait lui être imposé sans son consentement ou contre sa volonté »[246]. De-là, l'exercice

---

[242] TRUYOL Y SERRA (Antonio), Théorie Du Droit International Cours général, Recueil des cours de l'Académie de La Haye, Vol. 173, 1981, p. 92.

[243] CIJ, Certaines questions d'entraide judiciaire en matière pénale (Djibouti c. France), arrêt du 04 Juin 2008, par. 165.

[244] TIDM, Dispute Concerning Delimitation of the Maritime Boundary between Ghana and Ivory Coast in the Atlantic Ocean (Ghana/Ivory Coast), provisional measures 1 of 30 mars 2015, par. 14.

[245] Ainsi la Convention des Nations Unies sur les immunités juridictionnelles des États et de leurs biens de 2004 rappelle que la renonciation à l'immunité de juridiction ne prive pas l'État de son immunité d'exécution. La convention est disponible sur https://treaties.un.org/doc/source/recenttexts/french_3_13.pdf, consulté le 19 juin 2024.

[246] NABLI (Béligh), « Le statut de l'État en droit international », in L'État, Droit et Politique, NABLI (Béligh sous dir.), Armand Colin, Paris, 2017, p. 185.

par le tribunal arbitral de toutes les responsabilités, notamment celle d'assurer la régularité de la procédure, déduites de la compétence qui lui a été librement accordée, ne peut être interprété comme posant obstacle au principe de la souveraineté étatique. Dans l'affaire du Vapeur Wimbledon, la CPJI a rappelé que « la faculté de contracter des engagements internationaux est précisément un attribut de la souveraineté de l'État »[247]. On retrouve une lettre synonyme dans la sentence du tribunal arbitral relatif à l'affaire Sunlodges c. République-Unie de Tanzanie, lorsqu'il déclare qu' « en se soumettant à un traité bilatéral d'investissement et en participant à des arbitrages en vertu de celui-ci, un État souverain consent à ce que des ordonnances soient rendues contre lui »[248].

Seulement, dans sa mission d'assurer un fonctionnement régulier de la procédure arbitrale, le tribunal doit s'efforcer de ne pas entraver le droit légitime de l'État de punir certains actes pour assurer l'application des lois sur son territoire. En effet, « a State may obviously exercise its sovereign powers to investigate and prosecute criminal action »[249]. Delà, « la doctrine a ajouté que, dans ce contexte, les tribunaux arbitraux doivent équilibrer le droit de l'État de punir les activités criminelles et l'utilisation d'un tel pouvoir par l'État pour intimider un demandeur ou entraver sa capacité de présenter son cas »[250].

---

[247] CPJI, Affaire du Vapeur Wimbledon (France c. Allemagne), arrêt du 17 Aout 1923, p. 25.

[248] Arbitrage ad hoc CNUDCI, Sunlodges Ltd et Sunlodges (T) Limited c. République-Unie de Tanzanie, sentence du 20 décembre 2013, par. 10.

[249] CIRDI, Gustav F W Hamester GmbH & Co KG c. République du Ghana, (ARB/07/24), sentence du 18 juin 2015, par. 297.

[250] Vallar (GIULIA), « Validity of the Arbitration Agreement », in CORDERO-MOSS (Giuditta) et ARROYO (Diego Fernández) (sous dir.), Applicable Law Issues In International Arbitration Nijhoff, Boston, 2023, p. 1.

Il suit de ce qui précède que le tribunal doit faire montre de diligence au bénéfice de l'État hôte et ses droits souverains. Pour retreindre les procédures nationales, il faut en effet qu'elles soient engagées « en raison de l'ouverture d'une procédure d'investissement, ou de mauvaise foi ou avec malveillance, ou dans le but d'obtenir un avantage injuste dans l'arbitrage »[251]. Ce raisonnement présente le mérite de ligoter toute ardeur mécanique qui, en restreignant sans distinction toute procédure nationale engageant des parties à l'arbitrage, ne faciliterait pas des relations de courtoisie et d'entente mutuelle.

Par ailleurs, l'affaire Lundin Tunisia BV c. République tunisienne peut offrir un intérêt pour la présente étude. En effet, et dans le but de prévenir l'émission d'une injonction anti-suit, l'État hôte a pris la charge de suspendre la procédure pendante devant ses juridictions, jusqu'à ce que le tribunal arbitral rende sa décision[252].

Cette section apporte ainsi une contribution intéressante à l'étude des rapports entre tribunaux nationaux et arbitraux. Bien éloigné des affres de l'exclusivité et de la conflictualité, il permet de les aborder sous les paradigmes de la courtoisie et du dialogue des juges. Le *forum non conveniens* et les *injonctions anti-suit* constituent de pertinents mécanismes à la disposition du tribunal arbitral, lui permettant de pacifier ses relations avec les tribunaux judiciaires pour une meilleure résolution des différends d'investissement.

---

[251] CIRDI, Gerald International Limited c. République de Sierra Leone (ARB/19/31), ordonnance de procédure n° 2 du 28 juillet 2020, par. 197.

[252] CIRDI, Lundin Tunisia BV c. République tunisienne (ARB/12/30), sentence du 22 décembre 2015, par. 46-51.

CONCLUSION DE LA DEUXIÈME PARTIE

Le recours au *forum non conveniens* et aux *injonctions anti-suit* dans le cadre de l'arbitrage international d'investissement doit tenir compte d'une caractéristique particulière à ces procédures. Elles impliquent en effet la présence d'un État qui, bien que s'étant soumis à la juridiction du tribunal arbitral en acceptant sa compétence, n'en laisse pas davantage de conserver, en vertu du droit international, des attributs souverains dans l'espace géographique où son autorité s'exerce.

C'est ainsi que le *Forum Non Conveniens* peut interférer avec le droit de l'État hôte à réglementer dans l'intérêt général, pour prévenir les atteintes aux droits de l'homme par les investisseurs multinationaux et assurer le développement durable. La réticence des tribunaux arbitraux à accueillir des moyens fondés sur les droits humains tire motif de l'absence de dispositions en la matière dans les traités d'investissement qui lient leur juridiction. Bien que l'on note une tendance de réforme, notamment africaine[253], du régime de l'investissement international, il demeure que l'attitude des tribunaux

[253] Pour quelques illustrations voir : TBI Maroc/Cap-Vert (2023), TBI Maroc-Nigeria signé (2016), TBI CongoRwanda (2021), TBI Angola-Mozambique (2015), TBI Zambie-Maurice (2015), TBI Rwanda-Djibouti (2017), TBI Rwanda- Centrafrique (2019), TBI Maroc-RDC (2018), TBI Cap-Vert/Maurice (2017), Accord d'Investissement du COMESA (2007), Code Commun des investissements de la CEDEAO (2019), Loi additionnel de la CEDEAO sur les investissements (2008), Code Panafricain des Investissements (2016), Accord de la SADC portant modification de l'Annexe 1 du Protocole sur le financement et l'investissement (2016), Modèle de TBI de la CAE (2016), Modèle de TBI de la SADC (2012), Modèle Marocain de TBI (2019), Protocole d'Investissement de la ZLECAF (2023). Voir également, MCLACHLAN QC (Campbell) et autres, International Investment Arbitration Substantive Principles, Oxford University Press, Oxford, 1ère édition, 2008, 474 p.

arbitraux n'a pas suivi le mouvement. C'est ainsi que les arbitres ne laissent de suivre le fil égaré des méthodes d'interprétation des traités de première génération lorsqu'il s'agit de mener l'arbitrage international d'investissement vers une plus grande responsabilisation des investisseurs étrangers.

Le recours à ces mécanismes régulateurs peut également interagir avec la compétence des tribunaux nationaux. Les arbitres sont par-là confrontés à la question de leur relation avec le juge national. Il n'est pas indiqué de l'aborder sous le seul paradigme de l'exclusivité : bien éloigné de cette extrémité, une résolution efficace et prompte des différends d'investissement suppose un minimum de courtoisie et de dialogue.

CONCLUSION GÉNÉRALE

L'étude du *forum non conveniens* et des *injonctions anti-suit* a permis de mettre en perspective différentes problématiques auxquelles est confronté l'arbitrage international d'investissement. La première partie expose les difficultés relatives aux procédures parallèles, aux recours abusifs et vexatoires, au forum shopping et à l'abus de procédure. Pour autant qu'il existe des « incohérences légitimes » justifiées par le contexte juridique et factuel de chaque différend, le système de l'arbitrage international n'en laisse pas moins d'être également victime de divergences interprétatives dans la portée de certaines normes de protection, telles les attentes légitimes et les clauses parapluies. La deuxième partie a, pour sa part, non seulement éclairé, les rapports entre les tribunaux arbitraux et nationaux à travers le prisme offert par le *forum non conveniens* et les *injonctions anti-suit*. Elle a par ailleurs déterminé que les controverses relatives à l'interprétation des traités d'investissement peuvent aussi trouver à s'exprimer lorsque le tribunal doit déterminer sa compétence sur des demandes et moyens de défense fondés sur les droits de l'homme. Pourtant, on a pu dire que « le droit international des droits de l'homme offre un environnement particulièrement fertile au dialogue entre juges »[254]. Deux acquis militent en effet en faveur d'une telle hypothèse. Tout d'abord, « S'il est exact que les droits de l'homme n'ont pas pour objectif la protection des investissements, l'investisseur n'est pas, pour autant, exclu de leurs préoccupations, au point qu'un auteur a pu parler

[254] HENNEBEL (Ludovic) et WAEYENBERGE (Arnaud van), « Réflexions sur le commerce transnational entre juges », dans HACHEZ (Isabelle) et autres, Les sources du droit revisitées, vol. 2, normes internes et infraconstitutionnelles, Presses Universitaires Saint-Louis, Bruxelles, 2012, p. 713-739.

de « bizarre Human Rights Treaty » concentré sur les seuls droits de l'investisseur »[255]. D'autre part, dans son cours général à l'académie de droit international, Samantha Besson a insisté sur l'obligation de due diligence qui incombe à l'État de prendre toutes les mesures nécessaires pour protéger les droits individuels et collectifs des personnes sous sa juridiction, le cas échéant, contre les agissements d'autres individus ou entités[256]. Dans son arrêt du 26 février 2007 dans l'affaire relative à l'application de la Convention pour la prévention et la répression du crime de génocide (Bosnie-Herzégovine c. Serbie-et-Monténégro), la CIJ a ajouté que « l'obligation dont il s'agit est une obligation de moyens et non de résultat, en ce sens que la responsabilité d'un État ne saurait être engagée pour la seule raison que le résultat recherché n'a pas été atteint ; elle l'est, en revanche, si l'État a manqué manifestement de mettre en œuvre les mesures de prévention (…) qui étaient à sa portée ». Bien que l'on puisse noter un mouvement de refonte africaine du régime de l'investissement international[257], il relève toutefois d'un constat de vérité que seule la prise en compte des droits de l'homme dans des instruments multilatéraux plus large permette de dépasser « les clivages traditionnels entre pays développés et pays en développement si fréquents dans le système international économique »[258].

L'apport du *forum non conveniens* et des *injonctions anti-suit* à la résolution des différends d'investissement est

[255] HASCHER (Dominique), « Le rôle du droit international dans le contrôle des peines arbitrales », in Recueil des cours de l'Académie de La Haye, Vol. 435, 2024, p. 29.
[256] BESSON (Samantha), « La Due Diligence En Droit International », in Recueil des cours de l'Académie de La Haye en ligne, Vol. 409, 2019.
[257] Voir WOLFGANG (Alschner), « L'impact de l'arbitrage en matière d'investissement sur la conception des traités d'investissement : mythe contre réalité" 2017, YIJL, Vol. 42, n° 1, p. 1-66.
[258] MBENGUE (Makane Moïse), op.cit. p. 42.

donc mitigé. Autant, ils offrent aux arbitres les moyens de faire face aux difficultés rencontrées par l'arbitrage. Autant, leur mise en œuvre soulève également des réserves quant à la pertinence de l'arbitrage, pour trancher efficacement les différends d'investissements.

L'ensemble des difficultés ainsi exposées a été défini en termes de « crise » du système de règlement des différends investisseurs- États, par le GTIII de la CNUDCI chargé de sa réforme. Il a été ainsi rappelé la nécessité de « rétablir la confiance dans l'ensemble du système »[259]. La réforme se place ainsi sur le terrain de la légitimité. Dans son cours général à l'académie de droit international sur La Légitimité de l'Arbitrage, Alexis Maure le définit comme « la capacité d'une autorité ou d'une institution à être acceptée par ceux sur lesquels elle exerce son pouvoir »[260]. Il s'agit aussi d'une « une propriété psychologique d'une autorité, d'une institution ou d'un arrangement social qui conduit ceux qui y sont liés à croire qu'il est approprié, convenable et juste »[261]. Quoi qu'il en soit, certains points de la réforme peuvent intéresser la présente étude. Le document de base pour en rendre compte est constitué du projet de statut d'un mécanisme permanent de règlement des différends relatifs à des investissements internationaux, tel qu'il résulte de la 48e session du GTIII[262]. Ainsi, est-il envisagé la mise en place d'un mécanisme multilatéral permanent. Il se

---

[259] CNUDCI, Rapport sur la 50ème session (3 - 21 juillet 2017), A/72/17, par. 244.

[260] MOURRE (Alexis), « La légitimité de l'arbitrage », dans Recueil des cours de l'Académie de La Haye, Vol. 427, 2022, p. 230.

[261] STRONG (Stacie), « La vérité dans une société post-vérité : comment les défauts de paiement, le biais du statu quo et la prérogative souveraine influencent la légitimité perçue de l'arbitrage international », University of Illinois Law Review, 2018, p. 533.

[262] Disponible sur https://documents.un.org/doc/undoc/gen/v24/008/79/pdf/v2400879.pdf.

compose du Secrétariat, du tribunal des différends et du tribunal d'appel, ainsi que de la conférence des parties contractantes qui en constitue la clé de voûte. Composé en effet de l'ensemble des États parties à « l'instrument multilatéral sur la réforme du RDIE », il adopte le budget annuel, les règlements, administratif, financier, d'éthique, de procédure, ou autres relatifs au fonctionnement du mécanisme permanent, et nomme le directeur exécutif ainsi que les membres des tribunaux. Cette dernière procédure devrait s'effectuer en deux étapes. D'abord, un comité de sélection est chargé de recueillir les candidatures présentées et veille au respect des normes relatives à la qualification et à l'intégrité. Les candidats doivent nécessairement être ressortissants d'un État contractant. La liste définitive de toutes personnalités sélectionnées est ensuite mise à la disposition de la conférence pour nomination. Les juges sont par ailleurs soumis au code de conduite de la CNUDCI et ne peuvent être relevés de leur fonction que par le vote des membres du tribunal concerné. La méthode de sélection des juges, la sécurité de la fonction, et les incompatibilités constituent ainsi, selon Gabrielle Kaufmann-Kohler, dans son cours à l'académie de droit international donné en octobre 2022, les garants d'indépendance et d'impartialité de la Cour[263]. On peut ajouter qu'ils permettront de compenser l'asymétrie provoquée par ceci que seuls les États interviennent dans la procédure de nomination des juges. D'autant qu'il échait au Président de chaque tribunal la charge de répartir les affaires entre les différents groupes spéciaux ou chambres (dénominations attribuées respectivement aux formations restreintes du tribunal des différends et du tribunal d'appel).

[263] KAUFMANN-KOHLER (Gabrielle), Indépendance et impartialité du juge et de l'arbitre dans le règlement des différends entre investisseurs et États, RCADI, Vol. 427, 2022, p. 34-35.

Bien que nuançant entre les caractéristiques du règlement judiciaire et arbitral, il permettra aussi d'apporter des solutions à un certain nombre de préoccupations relatives à l'équité géographique et de représentations de différentes cultures et systèmes juridiques, ainsi qu'une meilleure cohérence dans l'interprétation et l'application du droit international des investissements.

La compétence du tribunal des différends (premier degré) repose pratiquement sur les mêmes conditions que celles fixées par l'article 25 de la convention CIRDI. Le document ne donne pas de définition du terme « investissement international »[264], mais permet au Secrétariat de refuser l'enregistrement des requêtes qui dépasserait manifestement la compétence du tribunal. Ainsi, une approche à la fois objective et subjective doit présider à la détermination de la compétence du tribunal. Il est envisagé que les États puissent exprimer leur consentement en incorporant dans une liste tenue par le Secrétariat les instruments auxquels ils sont partis ainsi que les lois qu'ils ont adoptées. Dans ce dernier cas, et lorsque tous les États parties à l'instrument pertinent ont exprimé leur consentement selon la procédure indiquée, la compétence du tribunal devient exclusive. De-là, tout tribunal saisi du différend doit se déclarer *forum non conveniens*, tandis que le tribunal arbitral serait fondé à émettre une injonction anti-suit à l'effet de restreindre toute procédure abusive. L'usage de ces mécanismes régulateurs est d'autant légitimé qu'il est disposé le principe de l'intangibilité de la convention d'arbitrage, et reconnu au tribunal un large pouvoir d'appréciation pour conduire la procédure de manière à préserver l'équité et à assurer un règlement efficace des différends d'investissement.

La compétence du tribunal d'appel présente plus de difficultés à la réflexion. En effet, il est prévu qu'il peut

---

[264] Article 14 du projet de statut.

« confirmer, modifier ou infirmer la sentence ou la décision du tribunal de premier degré ». Y aurait-il une différence de nature juridique entre ces deux termes ? Il semble qu'ils soient des équivalents. Le projet de statut dispose en effet que « toute décision du tribunal des différends est assimilée à une « sentence arbitrale » telle que définie à l'article premier de la Convention pour la reconnaissance et l'exécution des sentences arbitrales étrangères »[265]. Quoi qu'il en soit, il comprend également toute « mesure provisoire ordonnée par le tribunal de premier degré pour préserver les droits d'une partie », ce qui inclut les *injonctions anti-suit*. Les décisions relatives à la récusation ne peuvent toutefois ouvrir droit à appel. En ce qui concerne les fondements sur lesquels un appel peut être interjeté, il est possible d'affirmer avec Ali Kairouani que « les motifs d'appel sont plus larges que ceux relatifs à la révision ou à l'annulation »[266]. Ainsi, en sus des motifs classiques que l'on retrouve à l'article 52 de convention CIRDI, l'appel peut concerner « une erreur manifeste en ce qui concerne l'application ou l'interprétation du droit » ; « une erreur manifeste en ce qui concerne l'appréciation des faits, y compris l'appréciation de la législation interne pertinente et l'évaluation des dommages-intérêts », « l'incapacité d'une partie à l'accord visant à engager la procédure de premier degré ou invalidité dudit accord en vertu de la loi à laquelle les parties l'ont subordonné » voire « caractère contraire à l'ordre public international de la décision du tribunal de premier degré »[267]. Afin d'éviter toute duplication de

[265] Articles 26.3 et 36.3 du Projet de statut d'un mécanisme permanent de règlement des différends relatifs à des investissements internationaux.

[266] KAIROUANI (Ali), « Un mécanisme d'appel ad hoc : quelle structure et viabilité pour la réforme du système de RDIE ? », Lexbase Afrique-OHADA, n° 64, 16 Mars 2023, p. 1.

[267] Article 29 du projet de statut.

procédure, il est précisé que l'appel ne peut être interjeté que « si la partie le formant renonce expressément à ses droits d'engager une procédure d'annulation, de reconnaissance ou d'exécution de la sentence ou de la décision du tribunal de premier degré pendant la procédure d'appel »[268]. Ceci ne résorbe toutefois pas toutes les difficultés si l'on sait que l'appel peut intervenir avant le rendu de la sentence finale. En effet, de deux choses l'une. Ou bien que le tribunal des différends doive toujours suspendre ses procédures, dans ce cas l'appel peut être utilisé comme moyen vexatoire et oppressif. Ou bien encore que l'appel ne porte aucune atteinte à la poursuite de la procédure en première instance, ce qui peut conduire à des incohérences et dysfonctionnements préjudiciables à un règlement efficace des différends d'investissement. Il faut donc déterminer les cas dans lesquels une suspension est nécessaire, au risque d'aboutir à une mécanique d'injonction anti-suit et de contre injonction au sein même du mécanisme permanent.

Quoi qu'il en soit, le mécanisme d'appel offre aux parties des garanties supplémentaires d'une procédure équitable et d'une meilleure application du droit. Ceci d'autant qu'il est vrai que, comparé à l'arbitrage commercial, « il est très difficile d'accepter le risque d'erreurs au nom du caractère définitif des sentences alors que celles-ci abordent des questions d'intérêt public »[269].

En ce qui concerne l'exécution des sentences, elle serait soumise au même régime que les sentences rendues dans le cadre du CIRDI, ce qui participe à affaiblir les moyens fondés sur l'immunité d'exécution. Seulement, sans en préciser pour l'instant la teneur, le GTIII envisage de prévoir des motifs pour lesquels la reconnaissance et l'exécution pourront quand même être refusées.

---

[268] Article 28.1 du projet de statut.

[269] KAIROUANI (Ali), op. Cit. p. 1.

En attendant l'incorporation de toutes ces techniques dans un instrument multilatéral sur la réforme du RDIE, le système de l'arbitrage d'investissement continue de susciter des « réactions négatives »[270] ou « backslash » de la part de certains États. La question de perspective consistera à déterminer s'il existe aujourd'hui une perspective africaine dans le cadre de la refonte globale de l'arbitrage en droit international. Cette problématique permet ainsi de repenser le rapport rule-making/rule-taking en droit international des investissements.

---

[270] MOOLLAN (Salim), « Parallel Proceedings in International Arbitration : Theoretical Analysis and the Search for Practical Solutions » dans Recueil des cours de l'Académie de La Haye, Vol. 433, 2023, p. 264. Voir aussi, TORAL (Mehmet) et SHULTZ (Thomas), « The State, a Perpetual Respondent in Investment Arbitration ? Some Unorthodox Considerations », in WAIBEL (Michael) et autres, The Backlash Against Investment Arbitration : Perceptions and Reality, Kluwer, 2010, p. 577-602.

BIBLIOGRAPHIE

1- DOCTRINE

❖ OUVRAGES

- GÉNÉRAUX

- BENNOUNA (Mohamed), Le droit international du développement, Berger-Levrault, Paris, 1983, 336 p.
- DUPUY (Pierre-Marie) et KERBRAT (Yann), Droit international public, 14e Édition, Dalloz, Paris, 2018, 956 p.
- FORTEAU (Mathias) et autres, Droit international public, 9ème Édition, Lextenso, Paris, 2022, 2047 p.
- KOSKENNIEMI (Martti), The politics of international law, Hart Publishing, London, 2011, 389 p.

- SPÉCIAUX

- DAHLQUIST (Joel), The use of commercial arbitration rules in investment treaty disputes domestic courts, Commercial Arbitration Institutions and Tribunal Jurisdiction, Leiden, Boston, 2021, 333 p.
- DE NANTEUIL (Arnaud), Droit international de l'investissement, 1re édition, Pedone, Paris, 2014, 564 p.
- DOLZER (Rudolf) et autres, Principles of international investment law, 3ème édition, Oxford University Press, Oxford, 2022, 561 p.
- FABRI (Hélène Ruiz) et STOPPIONI (Edoardo), international investment law : An Analysis of the Major Decisions, 1st Édition, Bloomsbury, London, 2023, 664 p.
- GAILLARD (Emmanuel), Aspects philosophiques du droit de l'arbitrage international, Leiden, Boston, 2008, 240 p.

- Luke PETERSON (Eric) et GRAY (Kevin), International human rights in bilateral investment treaties and in investment treaty arbitration, IISD, Montréal, 2003, 44 p.
- MCLACHLAN QC (Campbell) et Autres, International investment arbitration substantive principles, Oxford University Press, Oxford, 1re Édition, 2008, 474 p.
- PALOMBINO (Fulvio Maria) et autres, Provisional measures issued by international courts and tribunals, Springer, Berlin, 2021, 369 p.
- PETERSON (Luke Eric), Droits humains et traités bilatéraux d'nvestissement : le rôle du droit relatif aux droits humains dans l'arbitrage des différends entre investisseurs et États, Droits et Démocratie, 2009, 47 p.
- SALACUSE (Jeswal), The law of investment treaties, Oxford University Press, Oxford, 3rd edition, 2021, 594 p.
- SALACUSE (Jeswal), The three laws of international investment National, Contractual, and International frameworks for foreign capital, Oxford University Press, Oxford, 1 St edition, 2013, 440 p.
- SHANY (Yuval), Regulating jurisdictional relations between national and international courts, Orford University Press, Oxford, 2007, 216 p.
- TCHOTOURIAN (Ivan), LANENFELD (Alexis), Le forum non conveniens Une impasse à la responsabilité sociale des entreprises, Presse Universitaire de Laval, 2020, 190 p.

- MÉTHODOLOGIE

- CORTEN (Oliver), Méthodologie du droit international public, Université Libres de Bruxelles, Bruxelles, 2017, 292 p.
- GRAWITZ (Madeleine), Méthodes des sciences sociales, 11e Édition, Dalloz, Paris, 2000, 1040 p.

❖ CONTRIBUTIONS

- DUPUY (Pierre-Marie), « Unification rather than fragmentation of international law ? the case of international investment law and human rights law », in DUPUY (Pierre-Marie), FRANCIONI (Francesco) and PETERSMANN (Ernst-Ulrich) (Sous Dir.), Human rights in international investment law and arbitration, Oxford University Press, 2009, p. 45-61.
- HENNEBEL (Ludovic) et WAEYENBERGE (Arnaud van), « Réflexions sur le commerce transnational entre juges », Dans HACHEZ (Ivan) et Autres, Les sources du droit revisitées, Vol. 2, Normes internes et infra-constitutionnelles, Université Saint-Louis, Bruxelles, 2012, p. 713- 739.
- KAIROUANI (Ali), « Comment les arbitres interprètent-ils les traités internationaux ? », In CORDERO-MOSS (Giuditta) et Fernández ARROYO (Diego), Applicable law issues in international arbitration, Nijhoff, Boston, 2023, p. 171-208.
- KAUFMANN-KOHLER (Gabrielle) et ANTONIETTI (Aurélia), « Interim relief in international investment agreements » in Arbitration under international investment agreements : a guide to the key issues, Oxford University Press, Oxford, 2010, p. 505-550.
- KNOLL-TUDOR (Ioana), « The fair and equitable treatment standard and human rights norms », in Dupuy (Pierre-Marie) et Autres, Human rights in international investment law and arbitration, International Economic Law Series, Oxford, 2009, p. 310-343.
- MBENGUE (Makane Moïse), « Les obligations des investisseurs », in L'entreprise multinationale et le droit international, Paris, Pedone, 2017, p. 295-337.
- MONEBHURRUN (Nitish), « Arbitrage international et droit international des investissements : La question des devoirs des investisseurs » in MARTIN-CHENUT (Kathia) et De QUENAUDON (René), La RSE saisie par le droit Perspectives interne et internationale, Pedone,

Paris, p. 643- 658.
- NABLI (Bérigh), « Le statut de l'État en droit international », in L'État, Droit et Politique, NABLI (Béligh Sous dir.), Armand Colin, Paris, 2017, p. 168-186.
- NATHALIE (Bernasconi) et Autres, « Civil society and international investment arbitration : tracing the evolution of concern », in SHULTZ (Thomas), and ORTINO (Federico) (Sous Dir.), The Oxford Handbook of International Arbitration, 2020, p. 304-327.
- OPPONG (Richard Frimpong) « *Forum non Conveniens*, lis alibi pendens et accords de sélection du forum. » in Droit international privé en afrique du commonwealth, Cambridge University Press, Cambridge, 2013, p. 91-111.
- ROSENBERG (Alfred), « Art 21§1 », in KAMTO (Maurice), La charte africaine des droits de l'homme et des peuples et le protocole y relatif portant création de la Cour africaine des droits de l'homme - Commentaire article par article, Bruxelles, Bruylant, 2011, 843-860.
- TORAL (Mehmet) et SHULTZ (Thomas), « The state, a perpetual respondent in investment arbitration ? some unorthodox considerations », in WAIBEL (Michael) et Autres, The backlash against investment arbitration : perceptions and reality, Kluwer, 2010, p. 577-602.
- Vallar (GIULIA), « Validity of the arbitration agreement », in CORDERO-MOSS (Giuditta) et ARROYO (Diego Fernández) (Sous Dir.), Applicable law issues in international arbitration, Nijhoff, Boston, 2023, p. 325-346.
- WEIL (Prosper), « L'équité dans la jurisprudence de la Cour internationale de justice », in LOWE (Vaughan) et FITZMAURICE (Malgosia), Fifty Years of the ICJ, Essays in honour of sir Robert Jennings, Cambridge University Press, Cambridge, 1996, p. 121-144.

❖ ARTICLES

- ABEL (Patrick), « Demandes reconventionnelles fondées sur les obligations internationales des investisseurs en matière de droits de l'homme dans l'arbitrage international d'investissement : erreurs et potentiels de la Sentence Urbaser c. Argentine du CIRDI 2016 », Brill Open Law, Vol. 1, N° 1, 2018, p. 61-90.
- BEHAJA (Jerry), « Éclairages Sur l'anti-suit injunction à la lumière du paradigme de l'équité juridictionnelle internationale », Lextenso, 04/02/2020, Disponible Sur Https://Www.ActuJuridique.Fr/International/International-Etrangers/Eclairages-Sur-Lanti-Suit-Injunction-a-LaLumiere-Du-Paradigme-de-Lequite-Juridictionnelle-Internationale/.
- DOUGLAS (Zachary), « The MFN clause in investment arbitration : treaty interpretation off the rails », Journal of International Dispute Settlement, Vol. 2, n° 1, 2011, p. 99.
- GARCIA-BOLIVAR (Omar), « Protected investments and protected pnvestors : the Outer limits of ICSID's reach », TRADE LAW & DEVELOPMENT, Vol. 2, N° 1, 2010, p. 145-168.
- GROSSI (Simone), « Forum non conveniens as a juridictional doctrine », University of Pittsburgh Law Review, 2013, Vol. 75, N° 3, p. 1-37.
- KAIROUANI (Ali), « Un mécanisme d'appel ad hoc : quelle structure et viabilité pour la réforme du système de RDIE ? », Lexbase Afrique-OHADA, n° 64, 16 Mars 2023, 4 p.
- KALDERIMIS (Daniel), « The authority of investment treaty tribunals to issue orders restraining domestic court proceedings », ICSID Review: Foreign Investment Law Journal, Vol. 31, N° 3, 2016, p. 549-575.
- LAVOREL (Sabine), « Exploitation des ressources naturelles et droit des peuples à l'autodétermination économique », in AILINCAI (Mihaela) et LAVOREL (SABINE) (Sous Dir.), Exploitation des ressources

naturelles et protection des droits de l'homme, Paris, Pedone, 2013, p. 35-69.

- LUTTRELL (Sam), « ICSID provisional measures 'in the Round' », Arbitration International, Vol. 3, N° 31, 2015, p. 393-412.
- MARCOUX (Jean-Michel), « Les politiques publiques transnationales comme pratique internationale d'arbitrage en matière d'investissement » in JIDS, Vol. 10, 2019, p. 498.
- MBENGUE (Makane Moïse), SCHACHERER, (Stefanie), The 'Africanization" of international investment law: the pan-african investment code and the reform of the international investment regime" In the Journal of World Investment & Trade, 2017, Vol. 18, N° 3, p. 414–448.
- MBENGUE (Makane Moïse), « Special Issue : africa and the reform of the international investment regime - an introduction », in Journal of World Investment and Trade, 2017, Vol. 18, N° 3, p. 371–378.
- MOUAWAD (Caline) et SILBERT (Elisabeth), « A guide to interim measures in investor-state arbitration », International Arbitration, Vol. 3, N° 29, 2013, p. 381-434.
- PELLET (Alain), « The case law of the ICJ in investment arbitration », ICSID Review, Vol. 28, n° 2, 2013.
- STURMA (Pavel), « Biens publics et droit international des investissements : la nouvelle génération d'iias protège-t-elle mieux les droits de l'homme ? », Brill Open Law, Vol. 1, N° 1, 2018, p. 5-15.
- WALDE (Thomas), « Procedural challenges in investment arbitration under the shadow of the dual role of the state asymmetries and tribunals' duty to ensure, pro-actively the equality of arm », in Arbitration International, Vol. 26, N° 1, 2010, p. 3-42.
- WEIL (Prosper), « Vers une normativité relative en droit international », AJIL, Vol. 77, N° 2, 1983, p. 6--47.
- WOLFGANG (Alschner), « L'impact de l'arbitrage en matière d'investissement sur la conception des traités

d'investissement : mythe contre réalité" 2017, YIJL, Vol. 42, N° 1, p. 1- 66.

- WYTHES, ANNIKA. « Investor–state arbitrations: can the 'fair and equitable treatment' clause consider international human rights obligations? », Leiden Journal of International Law, Vol. 23, N° 1, 2010, p. 241– 253.

❖ THESES ET MÉMOIRES

- BOUCARON-NARDETTO (Magali), Le principe compétence-compétence en droit de l'arbitrage, thèse, Université de Nice- SOPHIA ANTIPOLIS, 2011, 680 p.
- BUTTIN (Sandrine), Multinational corporations facing the varying concepts of jurisdiction: "forum non conveniens", contrast between the anglo-american and the european law systems, Mémoire, University of Jean Moulin, 2000, 68 p.
- EL IDE (Boubacar), L'Influence du droit international des droits de l'homme sur le droit des investissements, Thèse, Unversité de Bourgogne Franche-Comte, 2022, 496 p.
- EL MEHDI NAJID (Mohamed), L'Intervention du juge dans la procédure arbitrale, Thèse, Université de Bordeau, 2016, 304 p.
- Faasseome (Maxime SOMDA), La rrotection des droits sociaux en droit international des investissements, Thèse, Université Grenoble Alpes, 2022, 671 p.
- PAILHASSAR (Cécilia), La protection des investissements étrangers face aux abus des droits de l'homme, Thèse, Université McGill, 2014, 137 p.
- SOUDAIN (Tennessee), La responsabilité des entreprises en matière de droits de l'homme, Thèse, Université de Strasbourg, 2018, 440 p.

❖ RCADI

- BESSON (Samantha), « La due diligence en droit international », in Recueil des cours de l'académie de la Haye En Ligne, Vol. 409, 2020, 246 p.
- HASCHER (Dominique), « Le rôle du droit international dans le contrôle des peines arbitrales », in Recueil des cours de l'académie de la Haye, Vol. 435, 2024, 71 P.
- KAUFMANN-KOHLER (Gabrielle), Indépendance et impartialité du juge et de l'arbitre dans le règlement des différends entre investisseurs et États, RCADI, Vol. 427, 2022, 50 p.
- MOOLLAN (Salim), « Parallel proceedings in international arbitration : theoretical analysis and the search for practical solutions » dans Recueil des cours de l'académie de la Haye, Vol. 433, 2023, 264 p.
- MOURRE (Alexis), « La légitimité de l'arbitrage », dans Recueil des cours de l'académie de la Haye, Vol. 427, 2022, 288 p.
- TRUYOL Y SERRA (Antonio), Théorie du droit international public cours général, Recueil des cours de l'académie de la Haye, Vol. 173, 1981, 443 p.

❖ DICTIONNAIRES

- GUINCHARD (Serge) et DEBAR (Thierry), Lexique des termes juridiques, 24ème Édition, Dalloz, Paris, 2018, 1163 p.
- SALMON (Jean, Dir.), Dictionnaire de droit international public, Bruylant, Bruxelles, 2001,1200 p.

2-TRAITÉS INTERNATIONAUX

- Accord de la SADC portant modification de l'annexe 1 du protocole sur le financement et l'investissement (2016).
- Accord d'investissement du COMESA (2007).
- Accord entre l'Union économique Belgo-Luxembourgeoise et La République Arabe d'Egypte concernant l'encouragement et la protection réciproques des investissements adopté le 28 février 1999.
- Charte africaine des droits de l'homme et des peuples, adoptée le 27 Juin 1981.
- Code commun des investissements de la CEDEAO (2019).
- Code panafricain des investissements (2016).
- Convention de Vienne sur le droit des traités, adoptée le 23 Mai 1969.
- Convention pour la reconnaissance et l'exécution des sentences arbitrales étrangères, adoptée Le 10 Juin 1958.
- Convention pour le règlement des différends relatifs aux investissements entre Etats et ressortissants d'autres Etats, adoptée Le 18 Mars 1965.
- Loi additionnelle de La CEDEAO sur les investissements (2008).
- Modèle de TBI de La CAE (2016).
- Modèle de TBI de La SADC (2012).
- Modèle marocain de TBI (2019).
- Projet d'articles sur la protection diplomatique, adopté en 2006.
- Projet d'articles sur la responsabilité de l'Etat pour fait internationalement illicite, adopté en 2001.
- Protocole d'investissement de la ZLECAF (2023).
- TBI Angola-Mozambique (2015).
- TBI Cap-Vert/Maurice (2017).
- TBI Congo-Rwanda (2021).
- TBI Ethiopie-Egypte (2006).
- TBI Ghana-Botswana (2003).
- TBI Maroc/Cap-Vert (2023).
- TBI Maroc-Guinée (2002).

- TBI Maroc-Nigeria Signé (2016).
- TBI Maroc-RDC (2018).
- TBI Maurice-Madagascar (2004).
- TBI Rwanda- Centrafrique (2019).
- TBI Rwanda-Djibouti (2017). TBI Sénégal-Maurice (2002).
- TBI Zambie-Maurice (2015).

3- JURISPRUDENCE

❖ SENTENCES ARBITRALES

- Arbitrage Ad Hoc CNUDCI, Balkan Energy (Ghana) Limited c. République de Ghana, décision sur les objections préliminaires à la compétence du 22 décembre 2010.
- Arbitrage Ad Hoc CNUDCI, Beijing Everyway Traffic & Lighting Tech. Co., Ltd c. République de Ghana, décision sur la compétence du 30 janvier 2023.
- Arbitrage Ad Hoc CNUDCI, Christian Doutremepuich and Antoine Doutremepuich c. République de Maurice, décision sur la compétence du 23 aout 2019.
- Arbitrage Ad Hoc CNUDCI, Consutel Group SpA c. La République Algérienne Démocratique et Populaire, sentence finale du 3 février 2020.
- Arbitrage Ad Hoc CNUDCI, Dawood Rawat c. République de Maurice, Ordonnance sur la demande de mesures provisoires du 17 janvier 2017.
- Arbitrage Ad Hoc CNUDCI, Etrak Insaat Taahut ve Ticaret Anonim Sirketi c. État de Libye, sentence finale du 22 juillet 2019.
- Arbitrage Ad Hoc CNUDCI, Kontinental Conseil Ingénierie v. Gabonese Republic, décision de la Cour d'appel de paris du 25 juin 2019.
- Arbitrage Ad Hoc CNUDCI, Olin Holdings Limited c. État de Libye, Sentence Finale Du 25 Mai 2018.

Arbitrage Ad Hoc CNUDCI, Olin Holdings Limited c. État de Libye, avis et ordonnance du tribunal de district des USA pour le district sud de New York, 22 mars 2022.

- Arbitrage Ad Hoc CNUDCI, Patel Engineering Limited c. République de Mozambique, ordre de procédure N°4 du 3 novembre 2021.
- Arbitrage Ad Hoc CNUDCI, Patel Engineering Limited c. République Du Mozambique, sentence du 3 février 2020.
- Arbitrage Ad Hoc CNUDCI, République Du Mozambique et Ministère Des Transports et Des Communications Du Mozambique c. Patel Engineering Limited, ordre de procédure N°14 du 25 novembre 2022.
- Arbitrage Ad Hoc CNUDCI, Zhongshan Fucheng Industrial Investment Co. Ltd. c. République Du Nigéria, sentence finale du 21 mars 2023.
- Arbitrage Ad Hoc, Swissbourgh Diamond Mines (Pty) Limited, Josias Van Zyl, The Josias Van Zyl Family Trust and Others c. Royaume Du Lesotho, jugement de la Cour d'appel de singapour du 27 novembre 2018.
- CIRDI, Eni International B.V., Eni Oil Holdings B.V. and Nigerian Agip Exploration Limited c. République Fédérale Du Nigéria (ARB/20/41), ordre de procédure N°4 du 07 mars 2023.
- CIRDI, African Holding Company of America, Inc. and Société Africaine de Construction Au Congo S.A.R.L c. République Démocratique Du Congo (ARB/05/21), décision sur la compétence et la recevabilité du 29 juillet 2008.
- CIRDI, Ampal-American Israel Corp., EGI-Fund (08-10) Investors LLC, EGI-Series Investments LLC, BSS-EMG Investors LLC et David Fischer c. République Arabe d'Égypte (ARB/12/11), décision sur la compétence du 1 février 2016.
- CIRDI, Antoine Goetz & Consorts et SA Affinange Des Métaux c. République Du Burundi (II) (ARB/01/2), décision du 21 juin 2012.
- CIRDI, Atlantic Triton Co. C. République Populaire Révolutionnaire de Guinée (ARB/84/1), sentence du 21

avril 1986.
- CIRDI, Atlantic Triton Company Limited c. République Populaire Révolutionnaire de Guinée (ARB/84/1), arrêt de la Cour d'appel de Rennes Du 26 Octobre 1984.
- CIRDI, Atlantic Triton Company Limited c. République Populaire Révolutionnaire de Guinée (ARB/84/1), arrêt de La Cour de cassation Française Du 18 Novembre 1986.
- CIRDI, Bernhard von Pezold and Others v. Republic of Zimbabwe (ARB/10/15), Award of 28 Juillet 2015.
- CIRDI, Bernhard von Pezold and Others v. Republic of Zimbabwe (ARB/10/15), Procedural Orde of 03 April 2013.
- CIRDI, Biwater Gauff (Tanzania) Limited c. United République de Tanzanie (ARB/05/22), Sentence Du 29 Septembre 2006.
- CIRDI, Biwater Gauff (Tanzania) Limited v. United Republic of Tanzania (ARB/05/22), Award of 24 July 2008.
- CIRDI, Biwater Gauff (Tanzania) Limited v. United Republic of Tanzania (ARB/05/22), Procedural Order N°1 of 31 March 2006.
- CIRDI, Borders Timbers and Others v. Republic of Zimbabwe (ARB/10/25), Procedural Order N° 2 of 26 June 2012.
- CIRDI, CMC Muratori Cementisti CMC Di Ravenna SOCONTRE Coop., CMC MuratoriCementisti CMC Di Ravenna SOCONTRE Coop. A.R.L. Maputo Branch and CMC Africa and CMC Africa Austral, LDA c. République de Zimbabwe, (ARB/17/23), Sentence Du 24 Octobre 2019.
- CIRDI, Cortec Mining Kenya Limited, Cortec (Pty) Limited and Stirling Capital Limited c. République Du Kenya (ARB/15/29), Sentence Du 22 Octobre 2018.
- CIRDI, EcoDevelopment in Europe AB and EcoEnergy Africa AB c. United Republic of Tanzania (ARB/17/33), Sentence Du 13 Avril 2022.
- CIRDI, Gerald International Limited c. République de Sierra Leone (ARB/19/31), Ordonnance de Procédure

N° 2 Du 28 Juillet 2020.
- CIRDI, Gustav F W Hamester GmbH & Co KG c. République de Ghana (ARB/07/24), Sentence Du 18 Juin 2015.
- CIRDI, Interocean Oil Development Company et Interocean Oil Exploration Company c. République Fédérale Du Nigéria (ARB/13/20), Décision Sur Les Objections Préliminaires Du 29 Octobre 2014.
- CIRDI, Itisaluna Iraq LLC et autres c. République d'Irak (ARB/17/10), sentence du 3 avril 2020.
- CIRDI, Jan de Nul N.V. and Dredging International N.V. c. République Arabe d'Egypte (ARB/04/13), Décision Sur La Compétence Du 16 Juin 2006.
- CIRDI, LESI, S.p.A. and Astaldi, S.p.A. v. People's Democratic Republic of Algeria (ARB/05/3)), Decision Of12 July 2006.
- CIRDI, Lundin Tunisia BV c. République tunisienne (ARB/12/30), sentence du 22 décembre 2015. ➢ CIRDI, M. Meerapfel Sohne AG c. République Centrafricaine (ARB/07/10), Sentence Du 12 Mai 2012.
- CIRDI, Malicorp Limited Contre La République Arabe d'Égypte (ARB/08/18), Sentence Du 7 Février 2011.
- CIRDI, Menzies Middle East and Africa S.A. and Aviation Handling Services International Ltd. C. République Du Sénégal (ARB/15/21), Ordre de Procédure N°2 Du 2 Décembre 2015.
- CIRDI, Millicom International Operations B.V. and Sentel GSM S.A. c. République du Sénégal (ARB/08/20), Décision Sur La Compétence Du 16 Juillet 2010.
- CIRDI, Millicom International Operations B.V. and Sentel GSM S.A. c. République du Sénégal (ARB/08/20), Décision Sur La Demande de Mesures Provisoires Du 9 Décembre 2009.
- CIRDI, Millicom International Operations B.V. c. Guinea (ARB/84/4), Sentence Du 6 Janvier 1988.
- CIRDI, Nachingwea UK Limited, Ntaka Nickel Holdings Limited et Nachingwea Nickel Limited c. République-Unie de Tanzanie (ARB/20/38), Sentence

Du 14 Juillet 2023.
- CIRDI, Orascom TMT Investments S.à r.l. v. People's Democratic Republic of Algeria (ARB/12/35), Award of 31 May 2017.
- CIRDI, Orascom TMT Investments SARL. c. République d'Algérie (ARB/12/35), Décision Sur l'annulation Du 17 Septembre 2020.
- CIRDI, Orascom TMT Investments SARL. c. République d'Algérie (ARB/12/35), Sentence Du 31 May 2017, Pp. 495.
- CIRDI, Patrick Mitchell c. La République Démocratique Du Congo (ARB/99/7), Décision Sur La Demande d'annulation de La Sentence Du 1er Novembre 2006.
- CIRDI, Peter de Sutter et Kristof De Sutter c. République de Madagascar (ARB/17/18), Sentence Du 17 Avril 2020.
- CIRDI, RSM Production Corporation c. République Centrafricaine (ARB/07/2), Décision Sur La Compétence et La Responsabilité Du 7 Décembre 2010.
- CIRDI, Salini Costruttori SPA et Italstrade SPA c. Royaume Du Maroc (ARB/00/4), Décision Sur La Compétence Du 16 Juillet 2001.
- CIRDI, Southern Pacific Properties (Middle East) Limited c. République Arabe d'Egypte (ARB/84/3), Décision Sur Les Objections Préliminaires à La Compétence Du 27 November 1985.
- CIRDI, Standard Chartered Bank c. République-Unie de Tanzanie (ARB/10/12), Arrêt de La CJ d'Angleterre Du 9 Juin 2015.
- CIRDI, Strabag SE c. Libye (ARB/15/1), Sentence Du 29 Juin 2020.
- CIRDI, United Agencies Limited SA c. République Algérienne Démocratique et Populaire (ARB/20/1), Sentence Du 25 Juillet 2022.
- CIRDI, Vacuum Salt Products Ltd. c. République Du Ghana (ARB/92/1), Décision Sur La Demande de Recommandation de Mesures Provisoires Du 14 Juin 1993.
- CIRDI, WalAm Energy LLC c. République Du Kenya

(ARB/15/7), Sentence Du 10 Juillet 2020.
- CIRDI, World Duty Free Company Limited C. La République Du Kenya (ARB/00/07), Sentence Du 4 Octobre 2006.

- **CPJI/CIJ**

- CIJ, Affaire Ahmadou Sadia Diallo (République de Guinée v. République Démocratique Du Congo), Arrêt Du 24 Mai 2007.
- CIJ, Affaire Relative à l'application de La Convention Pour La Prévention et La Répression Du Crime de Génocide (Bosnie-Herzégovine c. Yougoslavie, Ordonnance Du 17 Décembre 1997.
- CIJ, Certaines Questions d'entraide Judiciaire En Matière Pénale (Djibouti c. France), Arrêt Du 04 Juin 2008.
- CIJ, Réserves à La Convention Pour La Prévention et La Répression Du Crime de Génocide, Avis Consultatif Du 28 Mai 1951.
- CPJI, Affaire Concernant Le Paiement de Divers Emprunts Serbe Émis En France, (France v. Serbie), Arrêt Du 12 Juillet 1929.
- ICJ, Advisory Opinion on Judgments of the Administrative Tribunal of the ILO upon Complaints Made against UNESCO, 23 October 1956.
- ICJ, Alleged Violations of the 1955 Treaty of Amity, Economic Relations, and Consular Rights (Islamic Republic of Iran v. United States of America), Order of 3 October 2018.
- ICJ, Application of the International Convention on the Elimination of All Forms of Racial Discrimination (Georgia v. Russian Federation), Order of 15 October 2008.
- ICJ, Application of the International Convention on the Elimination of All Forms of Racial 119 Discrimination (Qatar v. United Arab Emirates), Order of 14 June 2019.
- ICJ, Application of the International Convention on the Elimination of All Forms of Racial Discrimination

(Qatar v. United Arab Emirates), Order of 14 June 2019.

- ICJ, Armed Activities on the Territory of' the Congo (New Application: 2002) (Democratic Republic of the Congo v. Rwanda), Order of 10 July 2002.
- ICJ, Case Concerning ELETTRONICA SICULA S.P.A. (ELSI) (UNITED STATES OF AMERICA v. ITALIA), Judgment of 20 July 1989.
- ICJ, Fisheries Jurisdiction (Federal Republic of Germany v. Iceland, Order of 17 August 1972.
- ICJ, Fisheries Jurisdiction (United Kingdom v. Iceland), Order of 17 August 1972.
- ICJ, Jadhav (India v. Pakistan), Order of 18 May 2017.
- ICJ, Legality of Use of Force (Yugoslavia v. Belgium), Order of 2 June 1999.
- ICJ, Legality of Use of Force (Yugoslavia v. Spain), Order of 2 June 1999.
- ICJ, Legality of Use of Force (Yugoslavia v. United States of America), Order of 2 June 1999.
- ICJ, Military and Paramilitary Activities in and against Nicaragua (Nicaragua v. United States of America), Order of 10 May 1984.
- ICJ, Pulp Mills on the River Uruguay (Argentina v. Uruguay), Order of 13 July 2006, Separate Opinion Abraham.
- ICJ, Questions Relating to the Obligation to Prosecute or Extradite (Belgium v. Senegal), Order of 28 May 2009.
- PCIJ, Case Concerning the Administration of the Prince von Pless (Germany v. Poland), Order of 11 May 1933.
- PCIJ, Interpretation of the Greco-Turkish Agreement of December 1st, 1926, Advisory Opinion on 28 August 1928.
- PCIJ, Polish Agrarian Reform and German Minority (Germany v. Poland), Order of 29 July 1933.

❖ **TIDM**

- ITLOS, Delimitation of the Maritime Boundary in the Atlantic Ocean (Ghana v. Côte d'Ivoire), Case N° 23,

Order of 25 April 2015.
- ITLOS, Delimitation of the Maritime Boundary in the Atlantic Ocean (Ghana v. Ivory Coste), Case N° 23, Order of 25 April 2015.
- ITLOS, Detention of Three Ukrainian Naval Vessels (Ukraine v. Russian Federation), Case N° 26, Order of 25 May 2019.
- ITLOS Southern Bluefin Tuna Cases (New Zealand v. Japan), Case N° 3, Order of 27 August 1999.
- ITLOS, The MOX Plant Case, Provisional Order of 3 December 2001.
- TIDM, Affaire Du Navire « SAIGA » (Saint-Vincent-et-Les Grenadines c. Guinée), Affaire N° 2, Ordonnance Du 11 Mars 1998.

❖ CADHP

- ACtHPR, In the Matter of African Commission on Human and Peoples' Rights v. Libya, Order of 15 March 2013.
- ACtHPR, Tembo Hussein v. United Republic of Tanzania, Order of 11 February 2019.
- CADHP c. Kenya, Affaire Du Peuple Ogiek, Arrêt CAfDHP, Décision Du 23 Juin 2022.
- CADHP, Social and Economic Rights Action Center et Center for Economic and Social Rights c. Nigeria, Decision Du 27 Octobre 2001.

3-ACTES UNILATÉRAUX

❖ ÉTATS

- Loi L/2015/008/AN Du 25 Mai 2015 Portant Code Des Investissements de La République de Guinée. Loi N° 006/2021 DU 05 Février 2021 Portant Promotion et Facilitation Des Investissements Du Rwanda.

- Loi N° 2004-06 Du 06 Février 2004 Portant Code Des Investissements Du Sénégal.
- Loi N° 2019-005 Du 17 Juin 2019 Portant Code Des Investissements En République Togolaise.
- Loi N° 2020-02 Du 20 Mars 2020 Portant Code Des Investissements de La République Du Bénin.
- Loi N° 2023-002 Du 27 Juillet 2023 Sur Les Investissements à Madagascar.
- Loi N°006/PR/2008 Du 3 Janvier 2008 Instituant La Charte Des Investissements de La République Du Tchad.
- Loi N°038-2018 Du 30 Octobre 2018 Portant Code Des Investissements Du Burkina Faso.

❖ ORGANISATIONS INTERNATIONALES

- Agenda 2063 de l'Union Africaine Adopté Le 31 Janvier 2015.
- Charte Des Droits et Devoirs Économiques Des Etats, Résolution 3281 (XXIX) Du 12 Décembre 1974. CNUDCI, Rapport Sur La 50ème Session (3 - 21 Juillet 2017), A/72/17.
- Comité Des Droits Économiques, Sociaux et Culturels, Observation Générale N° 15 : Le Droit à l'eau (Pacte International Relatif Aux Droits Économiques, Sociaux et Culturels), E/C.12/2002/, Adoptée Le 20 Janvier 2003.
- Déclaration de Principes Tripartites Sur Les Entreprises Multinationales et La Politique Sociale, Adoptée En Novembre 1977 Amendée En 2000, 2006, 2017 et 2022.
- Déclaration Des Nations-Unies Sur Les Droits Des Peuples Autochtones, A/61/L.67, Adoptée Le 13 Septembre 2007.
- Déclaration et Agenda 21 de Rio Sur l'environnement et Le Développement, Adoptée En Juin 1992. ➢ Le Pacte Mondial Des Nations-Unies (2000).
- Les Principes Directeurs de l'OCDE à l'intention Des Entreprises Multinationales, Adoptés En 1971, Amendés En 2011.

- Les Principes Directeurs Relatifs Aux Entreprises et Aux Droits de l'homme, Résolution 17/4 Du 16 Juin 2011.
- Les Principes Pour Un Investissement Responsable Dans l'agriculture et Les Systèmes Alimentaires (2014).
- Principles Pour Des Contrats Responsables, adopté Le 31 Décembre 2015.
- Rapport Brundtland de La Commission Des Nations Unies Sur l'environnement et Le Développement, « Notre Avenir à Tous » (Our Common Future), Adopté En 1987.
- Rapport Des Administrateurs Sur La Convention Pour Le Règlement Des Différends Relatifs Aux Investissements Entre Etats et Ressortissants d'autres Etats, Adopté Le 18 Mars 1965.
- Rapport Du Groupe d'étude de La Commission Du Droit International "Fragmentation Du Droit 121 International : Difficultés Découlant de La Fragmentation et de La Diversification Du Droit International". A/CN.4/L.682, Adopté En 2006.
- Résolution Sur Les Entreprises et Les Droits de l'homme En Afrique - CADHP-Res.550 (LXXIV) 2023.

❖ RÉGLEMENTS D'ARBITRAGE

- Acte Uniforme Relatif Au Droit d'arbitrage de l'OHADA (2017).
- Règlement d'arbitrage CIRDI (2022).
- Règlement d'arbitrage CPA (2012).
- Règlement d'arbitrage de La CNUDCI (2021).
- Règlement Du Mécanisme Supplémentaire Du CIRDI (2022).

TABLE DES MATIERES

Structures éditoriales du groupe L'Harmattan

L'Harmattan Italie
Via degli Artisti, 15
10124 Torino
harmattan.italia@gmail.com

L'Harmattan Hongrie
Kossuth l. u. 14-16.
1053 Budapest
harmattan@harmattan.hu

L'Harmattan Sénégal
10 VDN SICAP AMITIE 3
BP 45034 Dakar-Fann
direction@senharmattan.com

L'Harmattan Cameroun
Tsinga/Derrière polyclinique FECAFOOT
BP 11486 Yaoundé
Jacques.koukam@harmattan.fr

L'Harmattan Burkina Faso
Villa 281, secteur 23 623, rue 14.32
Ouagadougou
zagbie@outlook.fr

L'Harmattan Guinée
Almamya, rue KA 028 OKB Agency
BP 3470 Conakry
harmattanguinee@yahoo.fr

L'Harmattan RDC
185, avenue Nyangwe
Commune de Lingwala – Kinshasa
matangilamusadila@yahoo.fr

L'Harmattan Congo
219, avenue Nelson Mandela
BP 2874 Brazzaville
deunovmikhael@gmail.com

L'Harmattan Mali
Immeuble Mgr Jean Marie Cissé
Aci Hamadallaye
BP 145 Bamako
syllaka@yahoo.fr

L'Harmattan Togo
Djidjole – Maison Amela
face EPP BATOME
02 BP 20680 Lomé
didieramela11@gmail.com

L'Harmattan Côte d'Ivoire
Résidence Karl – Cité des Arts
Abidjan-Cocody
03 BP 1588 Abidjan
harmattan.ivoire@gmail.com

L'Harmattan Bénin
Rue 604, (Immeuble à l'entrée
de la rue UCAO- Cite de Saint-Jean)
Cotonou
stepcorpus@gmail.com

Nos librairies en France

Librairie internationale
16, rue des Écoles
75005 Paris
librairie.internationale@harmattan.fr
01 40 46 79 11
www.librairieharmattan.com

Librairie des savoirs
21, rue des Écoles
75005 Paris
librairie.sh@harmattan.fr
01 46 34 13 71
www.librairieharmattansh.com

www.ingramcontent.com/pod-product-compliance
Lightning Source LLC
LaVergne TN
LVHW021217061026
849535LV00008B/2788
* 9 7 8 2 3 3 6 5 3 2 6 9 1 *